Willi Hoffsümmer (Hg.)
Eine heilige Zeit

Willi Hoffsümmer (Hg.)

Eine heilige Zeit

64 Weihnachtsgeschichten zum Vorlesen
in Kindergarten, Schule und Gemeinde

HERDER
FREIBURG · BASEL · WIEN

www.herder.de

Umschlaggestaltung: Finken & Bumiller
Titelbild: © K. Michels
Herstellung: fgb · freiburger graphische betriebe
www.fgb.de

Gedruckt auf umweltfreundlichem,
chlorfrei gebleichtem Papier
ISBN 3-451-28801-X

Inhalt

I. GESCHICHTEN FÜR 3- BIS 7-JÄHRIGE

II. GESCHICHTEN FÜR GRUNDSCHÜLER/INNEN

III. GESCHICHTEN FÜR SCHÜLER/INNEN WEITERFÜHRENDER SCHULEN

IV. GESCHICHTEN FÜR JÜNGERE ERWACHSENE

I. GESCHICHTEN FÜR 3- BIS 7- JÄHRIGE

(also auch für das 1. und 2. Schuljahr)

1. Im Dornenwald

Hinführung: Überall, wo Maria und das Kind in ihrem Leib hinkommen, wird alles schöner. Wir hören, wie aus Dornen Rosen wachsen.
Vorlesedauer: ca. 2 Minuten.

Auf ihrem Weg nach Bethlehem mussten Maria und Josef auch einen Wald durchqueren. Trocken und starr ragten die dürren Stämme empor. Dazwischen aber wucherten hart und knorrig Büsche, die statt der Blätter nur lange, spitze Dornen trugen. Diese reckten sich den Wanderern entgegen, rissen an ihren Kleidern, und vor allem dem Eselchen, das sich nicht so dünn machen konnte wie die Menschen, erging es recht schlecht. Die Dornen fuhren ihm immer wieder in sein armes Fell, dass es schließlich gar nicht mehr weitergehen mochte. Da half auch alles Bitten und Schelten nichts. Das Eselchen stand wie angewurzelt und schrie nur jämmerlich »I-ah«, als Josef es mit seinem Wanderstab antreiben wollte. Da schimpfte Josef auf die Dornenbüsche, die ihnen die Reise so beschwerlich machten. Maria aber, die liebe Gottesmutter, legte ihrem Mann sanft die Hand auf den Arm und sprach: »Lieber Josef, schimpf die armen Büsche nicht so sehr. Sie können doch nicht anders, als Dornen tragen. Es ist ja ganz trocken in dieser Gegend. Hätten sie nur genügend Wasser, ich gebe dir mein Wort: sie würden für uns und unser liebes Kind duftende Rosen tragen.« Dann hob sie die Augen auf zum Himmel und bat: »Lieber Gott, lasse deine Güte hernieder rinnen als einen Leben spendenden Tau, dass diese armen Dornenbüsche sich verwandeln können, wie sie es nur ersehnen.«

Kaum hatte Maria dieses Gebet gesprochen, da fiel ein milder Tau vom Himmel herab auf die Dornenbüsche. Die sogen voller Freude das Wasser auf, und als sie das taten, da fielen alle Dornen von ihnen ab. An deren Stelle aber erblühten die herrlichsten Rosen; die leuchteten in den schönsten Farben und dufteten um die Wette, dass es eine rechte Lust war. Da dankten Maria und Josef für dieses Wunder. Das Eselchen aber ward wieder ganz fröhlich, streckte die Nase in die würzige Luft und trabte munter voraus, Bethlehem entgegen.

GEORG DREISSIG

Das folgende Lied, das gut zu der Geschichte passt, hat etwas Bezauberndes und Geheimnisvolles an sich, so dass es auch schon Kinder sehr gerne singen.

2. Was trug Maria unter ihrem Herzen? Kyrieleison!
Ein kleines Kindlein ohne Schmerzen,
das trug Maria unter ihrem Herzen! Jesus und Maria.

3. Da hab'n die Rosen Dornen getragen. Kyrieleison!
Als das Kindlein durch den Wald getragen,
da haben die Dornen Rosen getragen! Jesus und Maria.

4. Wer hat erlöst die Welt allein? Kyrieleison!
Das hat getan das Christkindlein,
das hat erlöst die Welt allein! Jesus und Maria.

Weise und Text aus dem Eichsfeld

2. Storchenlegende

Hinführung: Wir hören, warum die Störche zu Freunden der Menschen geworden sind, besonders die Freunde kleiner Kinder.
Vorlesedauer: ca. 4 Minuten.

Eine alte Storchenlegende berichtet: Auch eine Storchenmutter im fernen Land Ägypten vernahm die wunderbare Nachricht, dass ein besonderes Kind in Bethlehem geboren worden war. Sie hatte – wie alle Storchenmütter – ein zartes und gutes Herz und dachte voller Liebe und Ehrfurcht an das kleine, neugeborene Kind; denn es war ja Gottes Sohn. Und während sie so über das Wunder nachdachte, warf sie ihren Kopf zurück, dass er fast auf den Schwanzfedern lag, und begann mit ihrem langen roten Schnabel zu klappern. Das ist nämlich die Art und Weise, wie ein Storch zu sprechen pflegt.

»Ich muss nach Bethlehem fliegen«, sagte die Storchenmutter zu ihren Kleinen, »ich muss das Heilige Kind selber sehen!«

Aber bevor sie sich auf den langen Weg machte, sammelte sie zuerst eine Menge Vorrat für ihre Kinder, denn sie war eine gute Storchenmutter. Weiche Aale und zarte Fröschlein trug sie aus den sumpfigen Niederungen am Nil zusammen.

Dann tat sie einen kurzen Sprung in die Luft und dann noch einen. Und dann ging's auf zum Flug ins Heilige Land.

Es war ein weiter Weg nach Palästina, aber sie war das Fliegen gewohnt und hat schließlich auch ihr Ziel erreicht.

»Ist das Heilige Kind hier?«, fragte sie, als sie sich auf der steinernen Treppe eines vornehmen Hauses in Bethlehem niederließ.

»Nein, es ist nicht hier«, antwortete jemand.

Da flog sie weiter, zu einem anderen Haus, das auch sehr schön war.

»Ist das Jesuskind, der Sohn Gottes, hier?«, fragte die Storchenmutter. Und wieder kam die Antwort: »Nein, es ist nicht hier.«

Endlich stelzte sie mit ihren langen roten Beinen auf die Tür der Herberge zu, bei der Maria und Josef um ein Obdach gebeten hatten. »Das Kind ist nicht hier«, sagte der Herbergsvater, »es war kein Platz da. Das Kind liegt in einer Krippe, drüben im Stall.«

Dort fand es die Störchin. Und Maria, seine Mutter, und Josef, sein Pflegevater, waren bei ihm. Kostbare Geschenke lagen auf dem Stroh neben der Krippe: Gold und Weihrauch und Myrrhe, Gaben der Weisen aus dem Morgenlande.

Aber die Storchenmutter sah diese schönen Dinge nicht. Mit ihren ernsten Augen blickte sie gespannt in die Krippe. Immer wieder schaute sie hinein, und ihr Herz wurde von Mitleid bewegt, denn das Kind hatte ein zu raues Bett!

»Hat dieses gesegnete Kindlein denn nicht einmal genügend Kissen und Betttücher?«, fragte die Storchenmutter, »seine Schultern sind ja genauso nackt wie die meiner Storchenkinder, wenn sie aus dem Ei schlüpfen! Das Kind braucht eine weiche Decke, um sich zuzudecken und warmzuhalten!«

Und da streckte der edle Vogel plötzlich seinen Hals aus, und sein Schnabel beugte sich zu seiner Brust und begann, die weichsten Federn auszurupfen. Hin und her wanderte der rote Schnabel der Storchenmutter, und jedes Mal, wenn sie sich genug ihrer flaumenweichen Federn aus der Brust gerupft hatte, warf sie diese über das bloß daliegende Jesuskind. Das alles dauerte eine ganze Weile, und es war, als wenn das Kind in der Krippe zugeschneit würde von all den weichen Storchenfedern, die zuletzt wie eine warme, schützende Decke über dem neugeborenen Sohn Gottes lagen…

So gab die Storchenmutter dem Jesuskindlein – wie die Hirten und Weisen aus dem Morgenlande – ihr Bestes. Und darum ist der Storch der Freund aller kleinen Kinder. Die alte Legende erklärt uns, dass die Störche wegen jener Storchenmutter mit dem guten Herzen zu Freunden aller Menschen geworden sind. Überall im Lande mögen sie die Leute gern und sind froh, wenn sie auf ihren Dächern nisten.

M.H. Misevicius

2. Storchenlegende

3. Das Licht des kleinen Hirten

Hinführung: Ein Hirtenkind nimmt als Geschenk seine Lampe mit. Sie gibt im Stall von Bethlehem ein so warmes Licht ab, dass sich alle wie Zuhause fühlen.
Vorlesedauer: ca. 4 Minuten.

Nachdem der Engel den Hirten auf dem Felde die frohe Botschaft verkündet hatte, machten sie sich auf nach Bethlehem. Die Worte des Engels gaben ihnen Flügel.

»Und das habt zum Zeichen«, hatte der Engel gesagt, »ihr werdet finden das Kind, in Windeln gewickelt, in einer Krippe liegen.«

Ein Kind, ärmer noch als der Ärmste unter ihnen? Sie nahmen also Geschenke mit, von dem, was sie so hatten: ein Lämmlein, einen geschnitzten Stab, ein Fell, Milch und Brot.

Der Jüngste aber unter den Hirten fand nichts, was er dem Kind hätte bringen können. Er besaß nichts, von dem er dachte, es könnte dem Kind Freude bereiten.

Da kam ihm plötzlich seine Lampe in den Sinn. Wie sehr hatte er sich eine Lampe gewünscht, als er noch ein kleiner Junge war.

Sicher brauchte das Jesuskind auch eine Lampe. Es würde ihm schwer fallen, sich davon zu trennen. Wie würde er sich fortan wieder fürchten, allein in der Nacht auf dem Feld, allein und ohne Lampe. Doch er musste dem Kind seine Lampe bringen.

Entschlossen lief er den anderen Hirten nach.

Als sie zum Stall kamen, fanden sie alles so, wie der Engel es ihnen gesagt hatte: ein Kind, arm und bloß. Aber auch eine unerwartete Helle blendete sie. Erschrocken starrten sie in die Lichtflut und getrauten sich kaum in die Nähe des göttlichen Kindes.

Der Glanz kam von den Engeln, die über dem Stall schwebten und jubelten, und er kam von der Freude, die allem Volk widerfahren war.

Nur der junge Hirte war traurig und schämte sich mit seiner armseligen Lampe. Er hielt sie fest in seiner Hand und versteckte sie hinter seinem Rücken. Was hatte er sich bloß gedacht, dem König aller Könige eine Hirtenlampe schenken zu wollen! Die Enttäuschung trieb ihm die Tränen in die Augen.

Maria und Josef begrüßten die Hirten voller Dankbarkeit. Einer nach dem andern trat zur Krippe, fiel ehrfürchtig auf die Knie und brachte seine Geschenke dar.

Zuletzt kam die Reihe auch an den Jüngsten. Als er sich über das Kind beugte, ergriff ihn ein großes Staunen. Er stellte seine Lampe vor die Krippe und breitete die leeren Arme aus. Da lächelte das Kind zum ersten Mal und wollte mit seinen winzigen Fingerchen nach dem dünnen Licht des Hirten greifen. Es verlangte so sehr danach, dass Gott ein Wunder tat.

Er löschte den Glanz der Engel aus, nur für einen Augenblick zwar, aber er löschte ihn aus. Da brannte nur noch die kleine Lampe des Hirten und flackerte im Wind, der durch die Mauern blies. Sie gab ein trauliches Licht.

Alle, die versammelt waren, rückten näher zusammen. Es wurde ihnen warm ums Herz, und sie hielten sich bei den Händen. Gerne wären alle lange um das kleine Licht gekniet, aber Gott musste die Engel wieder leuchten lassen, damit auch die drei Könige, die schon ganz nahe waren, den Weg zur Krippe fanden.

Max Bolliger

4. Der Weihnachtsspatz

Hinführung: Manche sagen: Die Spatzen sind frech, weil sie sich überall dazwischen wagen. Wir hören von einem Spatz, der die gute Nachricht von dem besonderen Kind in alle Welt trug.
Vorlesedauer: ca. 6 Minuten.

Als vor vielen Jahren Gott einen Engel zu Maria schickte, um ihr zu sagen, dass sie Gottes Sohn zur Welt bringen sollte, da saß zufällig ein kleiner Spatz auf der Fensterbank und hörte alles mit an. Weder Maria noch der Engel hatten den Spatz gesehen. Und so wäre er am liebsten gleich wieder unbemerkt davongeflogen. Als er aber hörte, dass der König des Himmels und der Erde bald geboren werden sollte, da schlug ihm sein kleines Spatzenherz bis hoch zum Hals hinauf, und er blieb stocksteif sitzen, bis der Engel davon geflogen war.

Zuerst konnte es der kleine Spatz kaum fassen, was er da gehört hatte. Dann aber wuchs in ihm die Freude so sehr, dass er davonflog und allen Menschen von der Botschaft des Engels erzählen wollte.

Er flog durch die Straßender Stadt Nazareth. Er ließ sich auf dem Korb nieder, in dem die Marktfrau Körner für Mehl und Brot anbot.

»Ich will dir ein wunderschönes Geheimnis verraten!«, tschilpte der Spatz froh und hüpfte aufgeregt von einem Bein auf das andere. Doch die Marktfrau rief ärgerlich: »Die Spatzen werden auch immer zudringlicher!« So jagte sie ihn davon, ohne ihm zuzuhören.

Da flog der Spatz weiter zu den Lehrern und Ältesten, die im Schatten eines großen Baumes standen und viel nachdachten und noch mehr redeten.

»Gott hat Großes vor!«, zwitscherte der Spatz und ließ sich auf einem Zweig ganz dicht über den Männern nieder. Doch die Lehrer und Ältesten blickten nur einmal kurz zu ihm hoch und beachteten ihn dann nicht weiter. Sie merkten nicht einmal, dass er immer noch da war und wieder aufgeregt von einem Bein auf das andere hüpfte.

Da schüttelte der Spatz enttäuscht seinen Kopf und flog weit fort bis zur Hauptstadt des Landes. Er flog durch das große Fenster mitten in das Königsschloss hinein und ließ sich auf dem goldenen Thron direkt neben dem König nieder. »Gottes Sohn wird geboren!«, zwitscherte er überglücklich. »Und er wird der Herr des Himmels und der Erde sein!«

»Jagt diesen frechen Spatz fort!«, rief der König ärgerlich, der kein Wort von dem verstand, was der Spatz sagte. Da rannten die Diener und die Palastwachen hinter dem Spatz her und wollten ihn fangen. Ängstlich flog der Spatz davon. Doch das große Fenster war inzwischen geschlossen worden. So flog er von einem Zimmer zum nächsten. Und die Diener und Wachen liefen hinter ihm her und schrien: »Haltet ihn! Haltet ihn!«

Im allerletzten Zimmer stand ein kleines Fenster noch einen winzigen Spalt breit auf. Mit dem Mut der Verzweiflung flog der Spatz darauf zu. So gelang es ihm, noch schnell durch den winzigen Spalt in die Freiheit zu schlüpfen, bevor die Wachen und Diener ihn packen konnten.

»Gerettet! Ich bin gerettet!«, zwitscherte er fröhlich, als er hoch in den blauen Himmel hinein flog. Er flog so lange weiter, bis er tief unter sich viele Kinder erblickte. Sie spielten miteinander und freuten sich über den frisch gefallenen Schnee. »Die Kinder werden mich bestimmt verstehen!«, rief der Spatz und flog gleich zu ihnen hin. Und wirklich! Kaum sahen die Kinder den kleinen Spatz, stellten sie sich ganz dicht um ihn herum und betrachteten ihn voller Freude.

»Ich will euch das schönste Geheimnis erzählen!«, zwitscherte der Spatz und legte sein Köpfchen ein wenig zur Seite.

»Wie hübsch er ist!«, riefen die Kinder und freuten sich, dass er zu ihnen geflogen war.

»Gott schickt seinen Sohn zur Welt!«, rief der kleine Spatz und gab sich die allergrößte Mühe, so deutlich wie möglich zu zwitschern.

»Hört nur, wie er tschilpt!«, riefen die Kinder.

»Vielleicht will er uns etwas sagen!«

»Vielleicht hat er Hunger!«, meinte ein Mädchen und warf dem Spatz dicke Kuchenkrümel hin. Doch der Spatz hatte keinen Hunger. Es war doch so wichtig, was er den Kindern sagen wollte. Ganz aufgeregt schlug er mit seinen Flügeln.

»Schade, dass wir dich nicht verstehen«, sagte ein Junge und wollte den Spatz ein bisschen streicheln. Da merkte der Spatz, dass die Kinder ihn auch nicht verstehen konnten. Er flog wieder davon und immer weiter in die Welt hinaus. Immer noch war er so voller Freude, dass er fast fürchtete, platzen zu müssen, wenn er sein Geheimnis nicht endlich mit anderen teilen konnte. Wie tat das weh, als er einsehen musste, dass ihn die Leute nicht verstanden und sich auch keine Mühe gaben, ihn zu verstehen. Viele jagten ihn einfach davon. Nicht einmal die Kinder konnten ihn verstehen.

So kam es, dass die Menschen, die Erwachsenen und die Kinder, nichts von dem erfuhren, was in Bethlehem geschehen sollte. Deshalb war auch keiner damals, als Maria und Josef arm nach Bethlehem kamen, bereit, ihnen eine Unterkunft zu geben. Nein, keiner wusste etwas davon, was in der Heiligen Nacht im Stall von Bethlehem geschehen sollte.

Nur der kleine Spatz wusste Bescheid. So rief er schließlich alle anderen Spatzen zusammen und erzählte es ihnen. Wie freute sich der kleine Spatz, als ihm so viele zuhörten und er sah, wie sehr sie sich darüber freuten. Dann flogen die Spatzen davon und erzählten es den anderen Tieren weiter, was sie gehört hatten und was sie nun auch so froh machte.

Da wussten es bald alle Tiere: Die Eulen, die Raben und die Schwalben, die Schafe und die Ziegen, die Esel und auch der Ochse im Stall bei der Krippe. So breitete sich große Freude unter den Tieren aus, und alle warteten sehnsüchtig auf den Tag, an dem Gottes Sohn zur Welt kommen sollte.

Wie war der Esel froh, als er Maria mit dem Kind in ihrem Bauch von Nazareth nach Bethlehem tragen durfte.

Wie dankbar war der Ochse, als endlich der kleine Jesus neben ihm in der Krippe lag. Wie freuten sich die Schafe, als endlich auch die Hirten von den Engeln die Botschaft erfuhren.

Die Menschen liefen zum Stall mit der Krippe. Aber viele Tiere waren schon lange vor ihnen da und hatten Gottes Sohn längst begrüßt, bevor die Menschen zu ihm kamen.

Oben auf dem Dach des Stalls aber saß der kleine Spatz, der alles zuerst gehört hatte. Zusammen mit den anderen Spatzen saß er da und tschilpte und zwitscherte am allerlautesten. So sehr freute er sich.

So dürfen bis heute kleine Weihnachtsvögel auf dem Adventskranz oder mitten im Weihnachtsbaum sitzen. Manche sind aus Holz geschnitzt, andere aus Glas geblasen oder aus Ton geformt. Und wir freuen uns jedes Jahr wieder neu, wenn wir sie entdecken. Wir freuen uns mit ihnen.

Rolf Krenzer

5. Die Weihnachtskatze

Hinführung: Darf sich eine Katze in die Krippe legen?
Vorlesedauer: ca. 2 Minuten.

Als Georg eines Tages von der Schule nach Hause geht, ist es sehr, sehr kalt und ein heftiger Schneeregen macht die Straßen glitschig. Es sind nur sehr wenige Leute in der stillen Seitengasse unterwegs, in der Georg nach Hause geht. Er geht sehr langsam. Er trödelt immer auf dem Weg von der Schule nach Hause. Aber eigentlich hat Georg gar kein Zuhause mehr. Vor einem Jahr ist seine Mutter bei einem Unfall gestorben und seinen Vater kannte er nicht. Jetzt wohnt Georg in einem Heim und er hat dort alles, was er braucht. Er ist dort nie allein. Es gibt dort zum Beispiel die Schwester Gertrude, die immer eine Beschäftigung für Georg weiß.

Langsam geht Georg die Straße entlang und der Wind bläst ihm die Schneeflocken ins Gesicht. Doch plötzlich hört er etwas miauen. Er bleibt kurz stehen, doch er sieht nichts. Er geht wieder weiter und hört es plötzlich wieder. Er bleibt stehen und schaut unter ein Auto, das am Straßenrand parkt. Da sieht er eine kleine Katze, die ganz verschreckt unter dem Auto sitzt. Er will sie hervorlocken, doch sie weicht immer weiter zurück, als er die Hand nach ihr ausstreckt. Da hat Georg eine Idee. Er packt sein Pausenbrot aus, das er in der Schule nicht gegessen hat. Er bricht ein kleines Stück ab und hält es der Katze hin.

Die Katze lässt sich schließlich nehmen und Georg versteckt sie ganz vorsichtig hinter seiner Jacke. Die kleine Katze beginnt ganz laut zu schnurren. Doch Georg weiß nicht, was er mit der Katze machen soll. Ins Heim kann er sie nicht mitnehmen und hier bleiben kann sie nicht. Nachdenklich füttert er der Katze sein ganzes Wurstbrot.

Da er aber keinen Ausweg findet, beschließt er, die Katze doch mit ins Heim zu nehmen. Als er in die Eingangshalle kommt, sieht er den großen, geschmückten Weihnachtsbaum. Darunter steht die Krippe, die mit duftendem Heu gefüllt ist. Da hat Georg eine Idee. Er schiebt das nackte Jesuskind etwas zur Seite und legt die kleine Katze daneben. »Wenn Ochs und Esel und auch die Schafe bei der Krippe stehen, dann darf auch eine Katze dabei sein!«, denkt Georg. Er geht zur Schwester Gertrude und erzählt ihr die Geschichte.

Nach langem Überlegen beschließt sie, dass Georg die Katze behalten darf.

6. Wenn ein kleiner Engel sich grosse Sorgen macht

Hinführung: Es gibt auch unter den Tieren welche, die nennen wir frech, einfältig und störrisch. Ob die alle bereit waren, als das Kind in Bethlehem geboren wurde?
Vorlesedauer: ca. 3 Minuten.

Der kleine Engel Benjamin faltet artig seine Flügel zusammen. Er pocht vorsichtig ans Wolkentor des großen Engels Gabriel. Streng schaut ihm Gabriel entgegen. »Hast du endlich deinen Auftrag erfüllt?«, fragt er und zieht die Augenbrauen hoch. »Sind alle Tiere da unten in dem ärmlichen Stall auf das große Fest vorbereitet?«

»Ich hab' getan, was ich konnte«, flüstert der kleine Engel. »Die munteren Vögel werden ihre Schnäbel nicht zu weit aufsperren, sondern ein leises sanftes Schlaflied für das Kind zwitschern. Die große Eule wird das Kind nicht erschrecken mit ihren dunklen Flügeln, sondern sich brav auf den Dachbalken setzen und die Nacht mit ihren glühenden Augen ein bisschen heller machen. Die Putzengel haben die frechen Fliegen und Flöhe schon herausgewedelt. Die Schlange hat strengstes Einschleichverbot. Auf die vorwitzigen Mäuse passen Mausi und Peter, die schlauen Dorfkater, auf. Sie wissen ganz genau: Krallen zeigen – aber Fressverbot!

Nur Ochs und Esel machen mir Sorgen. Dieser einfältige Ochse ist ein missmutiger, langweiliger, dummer Geselle. Er wedelt mir mit seinem eklig schmutzigen Schwanz vor der Nase herum, dass mir ganz schlecht wird. Dann drückt er seinen mächtigen Körper und den Kopf an die Stallwand, dass sich die Balken biegen. Dazu schnaubt er ganz widerlich, dass der Staub aufwirbelt. An dem haben wir keine Hilfe.

Und der Esel ist noch schlimmer. Er ist aufsässig und störrisch. Er besteht darauf, dass er nach der schweren Arbeit am Tage wenigstens in der Nacht in Ruhe fressen kann. – Der lässt nicht den kleinsten Strohhalm in der Krippe. Und er geht bestimmt nicht vor die Tür, um seine Notdurft zu verrichten. Der Ochse übrigens auch nicht.«

»Na, das kann ja heiter werden!«, meint Gabriel. »Was sollen wir machen?«

»Ich glaube«, wagt der kleine Engel Benjamin schüchtern zu bemerken, »wenn Gott selber auf die Erde kommen will, wird er auch die störrischen Menschen und Tiere, sogar Ochs und Esel zur Vernunft bringen!«

»Warten wir's ab!«, sagt Gabriel und faltet die Engelshände zu einem dringenden Stoßgebet.

Und dann geschieht wirklich das Wunder.

Die erschöpfte Maria, der müde aussehende Josef und das zitternde hilflose Kind rühren das Herz von Ochs und Esel. Und sie treten zur Seite, hauchen ihren Atem vorsichtig über die Krippe, holen immer wieder ein Maulvoll frisches Stroh herbei, treten vor die Tür, wenn es sein muss, wedeln die neugierigen Mücken und Fliegen fort, die sich immer wieder hineinwagen – kurz: Sie empfangen das Kind mit aller Liebe und Sorgfalt, deren das Herz eines Ochsen und Esels fähig ist.

»Die Menschen könnten sich an den Tieren ein Beispiel nehmen!«, denkt der kleine Engel Benjamin gerührt.

Barbara Cratzius

7. Ein Esel geht nach Bethlehem

Hinführung: Ein kleiner Esel auf dem Weg zur Krippe wird belächelt und verspottet. Aber er hält durch und – wird belohnt.
Vorlesedauer: ca. 5 Minuten.

Zu jener Zeit, als über dem Stall von Bethlehem ein heller Stern stand, ging ein Raunen durch das Land: Ein Kind ist geboren in einem ärmlichen Stall! Es soll der neue König sein!

Ein König in einer Krippe aus Heu und Stroh? Ungläubig schüttelten die Leute die Köpfe. Doch ein jeder, der an den König glaubte, machte sich auf den Weg nach Bethlehem. Auch ein kleiner Esel wollte gehen. Aber sein Herr sagte: »Das ist doch Unsinn! Ein König wird in einem Palast geboren und nicht in einem Stall.« Und er verbot dem Esel, nach Bethlehem zu gehen.

Da aber der Glaube des kleinen Esels so stark war, blieb ihm nichts anderes übrig, als sich unbemerkt davonzustehlen.

Es war tiefe Nacht, als der kleine Esel fortging. Er fürchtete sich in der Dunkelheit und wäre am liebsten gleich wieder umgekehrt. Doch wollte er nicht den neuen König begrüßen? »Gewiss wird dieser mich freundlich anlächeln«, dachte der kleine Esel. Bei diesem Gedanken verflog seine Angst. Und der kleine Esel ging weiter, Schritt für Schritt nach Bethlehem. Steile Hügel musste er überwinden, und die Wege waren steinig. Doch der Esel achtete nicht darauf. Er dachte nur an den König, den er begrüßen wollte.

Unterwegs begegnete er vielen Tieren. »Wohin gehst du, kleiner Esel?«, fragte ihn ein Kamel. »Nach Bethlehem. Ein neuer König soll dort geboren sein. Ich will ihn begrüßen. Darüber wird sich der neue König freuen und mich anlächeln.«

»Was bildest du dir ein, du Esel! Der König wird dich niemals anlächeln. Davonjagen wird er dich, weil du nur ein einfältiges Tier bist«, sprach das Kamel und stapfte weiter.

Traurig blickte der kleine Esel dem Kamel nach. Was sollte er tun? Sollte er weitergehen? Oder lieber umkehren?

Engel in goldenen Gewändern waren den Hirten auf dem Felde erschienen. So wurde erzählt. Sie hatten von dem neuen König gesungen und von Frieden auf Erden. »Ein König, welcher Engel vorausschickt, damit sie sein Kommen ankündigen und Frieden auf Erden verheißen, der wird mich nicht fortjagen«, sagte der kleine Esel bei sich. Und zuversichtlich trottete er weiter, Schritt für Schritt nach Bethlehem.

Auf einer Anhöhe stand ein Löwe. Geringschätzig musterte er den Esel, der einen König begrüßen wollte, und sprach: »Nur mich wird der neue König anschauen, bin ich doch ein gewaltiges Tier, du aber bist ein Nichts.« Der Löwe schüttelte seine prächtige Mähne und sprang davon. Verschüchtert blieb der kleine Esel stehen.

Eine Hyäne trat ihm in den Weg. »Du törichter Esel!« grinste sie. »Du bist gerade gut genug, Lasten zu tragen, aber nicht würdig, deinen Rücken vor einem König zu beugen. Geh zurück, woher du gekommen bist«, höhnte die Hyäne und machte sich davon.

Zurückgehen sollte er? Nein, das wollte er nicht. Was wussten denn alle diese Tiere von seinem brennenden Wunsch, den König in der Krippe zu sehen? Und was konnte er dafür, dass er ein Esel war?

Immer wieder kamen Tiere vorüber, die ihn auslachten. Ein Wolf musterte ihn verächtlich. Selbst die Schafe machten sich über ihn lustig. Und ein Widder zeigte ihm unfreundlich den Rücken.

Da begann der Esel sich seiner grauen Eselshaut zu schämen und wagte kaum noch die Augen zu heben. So geschah es, dass er vom Weg abirrte und in der Dunkelheit beinahe zu Tode stürzte. Der kleine Esel rieb sich die schmerzenden Flanken und ließ mutlos den Kopf hängen. Wie finster es war! Nirgends ein Licht, welches Trost spendete. Oder täuschte er sich? Löste sich die Finsternis nicht auf in einen goldenen Dunst?

Die Engel, die in goldenen Gewändern zu ihm herabgestiegen waren, konnte der kleine Esel nicht erkennen. Aber er spürte ihre Nähe. Vertrauensvoll folgte er ihnen Schritt für Schritt nach Bethlehem.

Der kleine Esel achtete nun nicht mehr auf die Tiere, die ihm begegneten. Er hörte auch ihren Spott nicht mehr. Er sah nur noch das Licht, welches sich ausbreitete und immer heller wurde.

Da erblickte er den Stern über Bethlehem.

Freudig betrat der kleine Esel den ärmlichen Stall. Darin lag ein Kind auf Heu und auf Stroh, so wie es gesagt worden war. Leise begrüßte der kleine Esel den neugeborenen König. Und als das Kind ihm freundlich zulächelte, da wusste der kleine Esel, dass der neue König auch dem geringsten seiner Geschöpfe Liebe schenkt.

Gerda Marie Scheidl

8. Als die Tiere Weihnachten feiern wollten

Hinweis: Im Kindergarten eventuell mit Figuren aus einem Bauernhof oder mit Krippenfiguren spielen.

Hinführung: Vielen Erwachsenen fällt es schwer, richtig Weihnachten zu feiern. Auch die Tiere tun sich sehr schwer.

Vorlesedauer ca. 5 Minuten.

Auch die Tiere wollten Weihnachten feiern. Sie kamen im Stall zusammen und hielten Rat. Der Stall schien ihnen der beste Ort für ihre Weihnachtsvorbereitungen, denn war das Kind nicht in einem Stall geboren worden? Ohnehin waren schon viele Tiere da: der Ochse und der Esel, die Schafe und selbst die Mäuse waren hier zu Hause. Nun waren sie alle beisammen, die Tiere, die Weihnachten feiern wollten:

Das Reh, der Fuchs und der Hase waren aus dem Wald gekommen. Der Bär hatte seinen Winterschlaf unterbrochen und seine Höhle verlassen und gesellte sich zu der bunten Versammlung. Die Hühner saßen auf einer Leiter. Das Schwein grunzte zufrieden, denn es hatte eben noch seinen Trog geleert. Die Gänse waren leicht beunruhigt und hörten auf zu schnattern. Sie suchten die Nähe des Ochsen und schauten immer wieder zitternd nach dem Fuchs, dem sie nicht so recht trauten. Im Gebälk saß die Eule und beäugte das Ganze sehr skeptisch.

»Wie sollen wir Weihnachten feiern?«, fragte der Esel, der die anderen Tiere eingeladen hatte.

»Ich möchte es schön warm haben!«, brummte der Bär.

»Ich habe nicht umsonst meine gemütliche Höhle verlassen.«

»Mir reicht es, wenn mein Trog gut gefüllt ist!«, grunzte das Schwein.

»Ich liebe den grünen Tannenbaum; an seinen zarten Zweigen lässt sich so herrlich knabbern!«, meinte das scheue Reh.

»Ich hätte gerne ein paar schöne, dicke Möhren, so wie der Schneemann draußen im Garten eine als Nase trägt.«, mümmelte der Hase.

»Ich will eigentlich nur gut ausschlafen!«, buhte der Ochse. »Ich habe den ganzen Sommer über hart gearbeitet; da hat man gerne seine Ruhe!«

»Auch uns soll man in Ruhe lassen«, schnatterten die Gänse. »Wir lieben nämlich Weihnachten ganz und gar nicht.« Sie äugten zum Fuchs hinüber, der nichts sagte, aber schelmisch schmunzelte, weil er von einem saftigen Gänsebraten träumte.

Die Hühner wollten Lieder singen und einen Chor gründen. Aber weil sie alle durcheinander gackerten, meinten die anderen Tiere, das mit dem Chor sei keine gute Idee.

Die Mäuse huschten hin und her. Sie waren sich sicher, wenn so viel gegessen wird, werden sie auch noch satt.

Nur den Schafen war alles egal. Sie bewunderten den, der gerade einen Vorschlag machte und waren mit ihm einverstanden. Sie schlossen sich sowieso immer der Meinung anderer an. Doch als man nach längerem Hin und Her zu keinem Ergebnis kam, trotteten sie auf ihre Wiese zurück.

Die Eule regte sich furchtbar über das leere Geschwätz auf. »Damit will ich nichts zu tun haben!«, schrie sie heiser und flog durch eine Dachluke hinaus in ihre Welt. »Auch ich verkrieche mich wieder in meinen Bau!«, brummte der Bär. Da habe ich wenigstens meine Ruhe!« Und er tappte davon.

Die Hühner huschten zurück in den Stall, die Gänse watschelten in ihren Verschlag und auch der Fuchs schlich sich davon. »Ich kann mir meinen Braten ohnehin besser holen, wenn keiner zuschaut«, dachte er bei sich und grinste wieder ganz verschmitzt.

Die Mäuse huschten in ihre Löcher, das Schwein suchte den heimischen Trog auf und die Tiere des Waldes verzogen sich ins Gebüsch, das sie vor Einbruch der Dunkelheit noch erreichen wollten.

Der Ochse lagerte sich schwerfällig ins Stroh und gähnte nur: »Endlich wieder Ruhe!«

Nur der Esel war ganz enttäuscht über das Ergebnis dieser Versammlung: »Wenn das alles ist, was uns zu Weihnachten einfällt, dann lassen wir es wirklich besser sein!« Eigentlich aber war er sehr traurig, denn er hatte sich so auf Weihnachten gefreut.

Draußen wurde es dunkel. Die ersten Sterne zeigten sich. Im Stall war es ganz still geworden. Da wurde plötzlich die Tür aufgezogen und ein junges Paar kam herein. Der Mann trug eine Laterne und die Frau war in dicke Kleider gehüllt. Sie blickten sich suchend um und entdeckten direkt zwischen dem schlafenden Ochsen und dem traurigen Esel einen dicken Heuhaufen. Der Mann stellte seine Laterne nieder und breitete seinen Mantel über das Heu. Die Frau legte sich in das warme Lager und – bald wurde das Kind geboren. Der Esel hatte alles gesehen. Er schaute auf das Kind und wurde mit einem Mal sehr froh. Ihm war wie Weihnachten. Es hatte sich gelohnt, die Augen aufzuhalten und zu warten.

Michael Hoellen

9. Der Weihnachtszug

Hinführung: Einem Kind gelingt es, rechtzeitig einen riesigen Zug zu stoppen – mit einer roten Laterne und einem brennenden Weihnachtsbaum. Darum heißt die Geschichte auch: Der Weihnachtszug.
Vorlesedauer: ca. 4 Minuten.

In einem Bahnposten wohnte vor vielen Jahren der Bahnwärter Wassil mit seiner kleinen Tochter Malina. Seine Aufgabe war es, die gefährliche Bahnstrecke mit den vielen Tunnels, eingeklemmt zwischen hohen Bergen, zu überwachen.

Auch an jenem Nachmittag vor dem Heiligen Abend überprüfte Wassil die Bahnstrecke. Malina schmückte inzwischen den Christbaum mit selbst gebastelten Sternen. Sie freute sich auf das Geschenk, das ihr der Vater versprochen hatte.

Plötzlich hörte sie ein schreckliches Donnern. Der Hund Belo begann zu jaulen und an der Tür zu kratzen. »Das kann nur ein Felssturz sein!« rief Malina und rannte angsterfüllt hinaus.

Tatsächlich, mitten auf den Schienen lag ein riesiger Felsblock. Malina war verzweifelt. »Der Express kommt doch in einer halben Stunde! Was soll ich jetzt tun? Was würde Papa machen? Ich muss den Lokführer warnen!« Schnell überlegte sie und eilte ins Haus zurück.

»Vierhundert Meter vor der Unglücksstelle ein Feuer machen und eine Laterne schwenken«, so sagte Papa doch immer. Kurz entschlossen packte sie den Weihnachtsbaum, achtete nicht auf den Schmuck und riss die große Eisenbahnlaterne vom Haken. Dann rannte sie nur noch. Es blieb ihr kaum eine Viertelstunde Zeit. Mit der angezündeten roten Laterne stolperte sie atemlos durch den Tunnel, dann wieder hinaus und immer weiter zwischen den Geleisen, bis sie den Ausgang des zweiten Tunnels vor sich sah. Schon hörte sie den Zug kommen. Rasch zündete sie ihren Weihnachtsbaum an, und schon schoss der Express aus dem schwarzen Loch, rasend und donnernd wie immer.

Da zuckte der Lokführer vor Schreck zusammen. Vorne sah er ein helles Feuer und ein Kind, das eine große, rote Laterne schwenkte. Im Nu schloss er den Dampfregler und zog die Notbremse. Die Sirene heulte. Der schwere Zug zitterte und kam kreischend und keuchend allmählich zum Stehen.

In den Luxus-Salonwagen flog alles durcheinander: Fahrgäste, Kellner, Suppenschüsseln, gebratene Fische, Torten!

Das war eine Sache!

Direkt vor Malina blieb die riesige, fauchende Lokomotive stehen. Der Lokführer und der Zugführer sprangen aus dem Zug und rannten auf das Mädchen zu. Der Lokführer erkannte sie!

»Da vorne, vor dem großen Tunnel, ist ein Fels heruntergestürzt! Deshalb musste ich den Zug anhalten«, erklärte Malina. Die beiden Männer erstarrten.

Inzwischen ging die Nachricht vom Felssturz durch den ganzen Zug, und bald wusste jeder, dass die kleine Malina alle gerettet hatte.

»Das Kind ist doch halberfroren!«, rief jemand, nahm Malina bei der Hand und führte sie in den gut geheizten Speisewagen.

Die Fahrgäste besprachen sich leise und geheimnisvoll, und plötzlich war Malina von Geschenken überschüttet. Dann stand ihr Vater in der Tür. In den Händen trug er ein schneeweißes Lämmchen mit schwarzen Flecken hinter den Ohren. Sie rannte zu ihm. Das war ihr Weihnachtsgeschenk: »Komm Papa«, sagte sie, »wir gehen nach Hause, Belo wartet sicher schon.« Der Zugführer brachte ihnen als Dank einen neuen Christbaum, den er am Bahndamm abgeschnitten hatte, und nun endlich konnten sie Weihnachten feiern.

Woher ich das alles weiß? Ganz einfach: Auch ich habe einmal Weihnachten in diesem Bahnposten gefeiert, zusammen mit meiner Tante Malina und meinem Großvater, dem Bahnwärter Wassil.

Ivan Gantschev

10. Der Tanz des Räubers Horrificus

Hinführung: Es gibt Räuber, die sind als Kind immer geschlagen worden. Was geschieht mit solchen Räubern, wenn sie einem begegnen, der sie wirklich liebt?

Vorlesedauer: ca. 5 Minuten.

Gegen Abend nach der ersten Rast wollte Josef mit den Seinen wieder weiterziehen. Er nahm aber den Esel und ritt voraus hinter einen Hügel, um den Weg zu erkunden. »Es kann doch nicht mehr weit sein bis Ägypten«, dachte er.

Indessen blieb die Muttergottes mit dem Kinde auf dem Schoß allein unter der Staude sitzen, und da geschah es, dass ein gewisser Horrificus des Weges kam, weithin bekannt als der furchtbarste Räuber in der ganzen Wüste. Das Gras legte sich flach vor ihm auf den Boden, die Palmen zitterten und warfen ihm gleich ihre Datteln in den Hut und noch der stärkste Löwe zog den Schweif ein, wenn er die roten Hosen des Räubers von weitem sah. Sieben Dolche steckten in seinem Gürtel, jeder so scharf, dass er den Wind damit zerschneiden konnte. An seiner Linken baumelte ein Säbel, genannt der krumme Tod, und auf der Schulter trug er eine Keule, die war mit Skorpionschwänzen gespickt.

»Ha!«, schrie der Räuber und riss das Schwert aus der Scheide.

»Guten Abend«, sagte die Mutter Maria. »Sei nicht so laut, er schläft!«

Dem Fürchterlichen verschlug es den Atem bei dieser Anrede, er holte aus und köpfte eine Distel mit dem krummen Tod.

»Ich bin der Räuber Horrificus«, lispelte er, »ich habe tausend Menschen umgebracht…«

»Gott verzeihe dir!«, sagte Maria.

»Lass mich ausreden«, flüsterte der Räuber, – »und kleine Kinder wie deines brate ich am Spieß!«

»Schlimm«, sagte Maria. »Aber noch schlimmer, dass du lügst!«

Hierbei kicherte etwas im Gebüsch und der Räuber sprang in die Luft vor Entsetzen, noch nie hatte jemand in seiner Nähe zu lachen gewagt. Es kicherten aber nur die kleinen Engel, im ersten Schreck waren sie alle davongestoben und nun saßen sie wieder in den Zweigen.

»Fürchtet ihr mich etwa nicht?«, fragte der Räuber kleinlaut.

»Ach, Bruder Horrificus«, sagte Maria, »was bist du für ein lustiger Mann!«

Das drang dem Räuber lind ins Herz, denn, um die Wahrheit zu sagen, dieses Herz war weich wie Wachs. Als er noch in den Windeln lag, kamen schon die Leute gelaufen und entsetzten sich: »Wehe uns«, sagten sie, »sieht er nicht wie ein Räuber aus?« Später kam niemand mehr, sondern jedermann lief davon und warf alles hinter sich. Und Horrificus lebte gar nicht schlecht dabei, obwohl er kein Blut sehen und kaum ein Huhn am Spieß braten konnte.

Darum tat es nun dem Fürchterlichen in der Seele wohl, dass er endlich jemand gefunden hatte, der ihn nicht fürchtete.

»Ich möchte deinem Knaben etwas schenken«, sagte der Räuber, »nur habe ich leider nichts als lauter gestohlenes Zeug in der Tasche. Aber wenn es dir gefällt, dann will ich vor ihm tanzen!«

Und es tanzte der Räuber Horrificus vor dem Kinde und kein lebendes Wesen hatte je dergleichen gesehen. Den krummen Tod hob er über sich gleich der silbernen Sichel des Mondes, die Beine schwang er unterhalb mit der Anmut einer Antilope und so geschwind, dass man sie nicht mehr zählen konnte. Er schleuderte alle sieben Dolche in die Luft und sprang durch den zerschnittenen Wind, gleich einer Feuerzunge wirbelte er wieder herum. So gewaltig und kunstvoll tanzte der Räuber, so überaus prächtig war er anzusehen mit seinen Ohrringen und dem gestickten Gürtel und den Federn auf dem Hut, dass sogar die Jungfrau Maria ein wenig Glanz in die Augen bekam. Auch die Tiere der Wüste schlichen herbei, die königliche Uräusschlange und die Springmaus und der Schakal, alle stellten sich im Kreise auf und klopften mit ihren Schwänzen den Takt in den Sand.

Schließlich sank der Räuber erschöpft zu Füßen Marias nieder und da schlief er auch gleich ein. Josef war längst weitergezogen, als Horrificus endlich wieder aufwachte und benommen seines Weges ging. Alsbald merkte er auch, dass ihn niemand mehr fürchtete. »Er hat ja ein weiches Herz!«, erzählte die Springmaus überall. »Vor dem Kinde hat er getanzt«, zischte die Schlange.

Horrificus blieb in der Wüste, er legte seinen fürchterlichen Namen ab und wurde ein mächtiger Heiliger im Alter, es soll verschwiegen bleiben, wie er im Kalender heißt.

Wenn aber einer von euch etwas zu verbergen hätte und nur sein Herz wäre weich geblieben, so mag er getrost sein. Gott wird ihm dereinst verzeihen um des Kindes willen, wie dem großen Räuber Horrificus.

Karl Heinrich Waggerl

Weiterführendes Gespräch: Die schlimmsten Räuber haben oft ganz innen ein weiches Herz. Sie geben sich nach außen nur so fürchterlich, damit die anderen Angst bekommen. Wem es gelingt, ihr Herz zu öffnen, kann spüren, wie viel Liebe doch darin ist.

II. GESCHICHTEN FÜR GRUNDSCHÜLER/INNEN

11. Das Flötenlied

Hinführung: Ein enttäuschtes, trotziges Kind will dem Kind in der Krippe kein Lied auf der Flöte spielen. Aber dann hört es das Kind weinen und keiner kann es trösten.
Vorlesedauer: ca. 4 Minuten.

Auf einen Stock gestützt, den Blick zu den Sternen erhoben, stand der alte Hirte auf dem Felde.

»Er wird kommen«, sagte er.

»Wann wird er kommen?«, fragte der Enkel.

»Bald!« Die andern Hirten lachten.

»Bald!«, höhnten sie. »Das sagst du nun seit Jahren!«

Der Alte kümmerte sich nicht um ihren Spott. Nur der Zweifel, der in den Augen des Enkels aufflackerte, betrübte ihn.

Wer sollte, wenn er starb, die Weissagungen der Propheten weitertragen?

Wenn er doch bald käme.

Sein Herz war voller Erwartung.

»Wird er eine goldene Krone tragen?«, unterbrach der Enkel seine Gedanken.

»Ja!«

»Und einen purpurnen Mantel?«

»Ja! Ja!«

Der Enkel war zufrieden.

Ach, warum versprach er ihm, was er selbst nicht glaubte! Wie würde er denn kommen? Auf Wolken aus dem Himmel? Aus der Ewigkeit? Als Kind? Arm oder reich? Bestimmt ohne Krone, ohne Schwert, ohne Purpurmantel – und doch mächtiger als alle andern Könige.

Wie sollte er es dem Enkel begreiflich machen? Der Junge saß auf einem Stein und spielte auf seiner Flöte. Der Alte lauschte.

Der Junge spielte von Mal zu Mal schöner, reiner. Er übte am Morgen und am Abend, Tag für Tag.

Wenn es stimmte, was der Großvater sagte, so musste er bereit sein, wenn der König kam. Keiner spielte so wie er. Der König würde sein Lied nicht überhören.

Der König würde ihn dafür beschenken.

Mit Gold, mit Silber, mit Purpur!

Er würde ihn reich machen, und die andern würden staunen, ihn beneiden.

Eines Nachts standen die Zeichen am Himmel, nach denen der Großvater Ausschau gehalten hatte.

Die Sterne leuchteten heller als sonst.

Über der Stadt Bethlehem stand ein großer Stern.

Und dann erschienen die Engel und sagten:

»Fürchtet euch nicht! Euch ist heute der Heiland geboren!«

Der Junge lief voraus, dem Licht entgegen. Unter dem Fell auf seiner Brust spürte er die Flöte. Er lief so schnell er konnte.

Da stand er als erster und starrte auf das Kind. Es lag in Windeln gewickelt, in einer Krippe. Ein Mann und eine Frau betrachteten es froh. Die andern Hirten, die ihn eingeholt hatten, fielen vor ihm auf die Knie. Der Großvater betete es an. War das nun der König, den er ihm versprochen hatte? Nein, das musste ein Irrtum sein. Nie würde er hier sein Lied spielen.

Er drehte sich um, enttäuscht, von Trotz erfüllt. Er trat in die Nacht hinaus. Er sah weder den offenen Himmel noch die Engel, die über dem Stall schwebten.

Aber dann hörte er das Kind weinen. Er wollte es nicht hören. Er hielt sich die Ohren zu, lief weiter. Doch das Weinen verfolgte ihn, ging ihm zu Herzen, zog ihn zurück zur Krippe. Da stand er zum zweiten Mal. Er sah, wie Maria und Josef und auch die Hirten erschrocken das weinende Kind zu trösten versuchten. Vergeblich! Was hatte es nur? Da konnte er nicht anders. Er zog die Flöte aus dem Fell und spielte sein Lied. Das Kind wurde still. Der letzte leise Schluchzer in seiner Kehle verband sich mit einem hellen Ton. Es schaute ihn an und lächelte. Da wurde er froh und spürte, wie das Lächeln ihn reicher machte als Gold, Silber und Purpur.

Max Bolliger

12. Aurelius

Hinführung: Drei Menschen auf der Erde darf ein Engel ihren Wunsch erfüllen. Was würdest du dir wünschen, wenn ein Engel dich fragen würde?

Vorlesedauer: ca. 8 Minuten.

»Zimm«, machte der Engel Aurelius auf seiner Harfe. »Zimm, zilimm.«

»Hallelujah!« Der Dienst habende Oberengel blieb neben Aurelius stehen.

»Halleluja«, antwortete Aurelius höflich. Denn Engel sind immer höflich.

»Was machst du heuer zu Weihnachten?«, fragte der Oberengel.

»Ich weiß noch nicht«, antwortete Aurelius. »Vielleicht Harfe üben. Ich möchte zum Himmelsorchester.«

»Wir brauchen noch einen Weihnachtsengel auf der Erde«, sagte der Oberengel. »Ich habe an dich gedacht.« Aurelius legte die Harfe weg und nickte gehorsam. Denn Engel sind immer gehorsam.

»Was habe ich zu tun?«, fragte der Oberengel.

»Du darfst drei Menschen auf der Erde einen Wunsch erfüllen«, antwortete der Oberengel.

»Nichts leichter als das«, frohlockte Aurelius. Engel frohlocken bekanntlich gern.

Der Oberengel lächelte nur.

Aurelius nahm die nächste Eilwolke zur Erde. Er landete in einer Stadt. Menschen hasteten an ihm vorbei, Autos hupten, eine Straßenbahn klingelte schrill.

»Schau, Mama, ein Engel«, sagte ein kleines Mädchen.

»Das ist nur jemand, der sich als Engel verkleidet hat«, antwortete die Mutter und zog das Kind schnell weiter. Auch sie hatte es eilig.

Aurelius betrat ein Kaffeehaus. An einem der kleinen Marmortische saß ein Mann und hielt den Kopf in die Hände gestützt. Vor ihm lag ein dicker Briefumschlag. Schon wieder hat ein Verlag sein Buch abgelehnt, las Aurelius in seinen Gedanken. Denn Engel können natürlich Gedanken lesen. Wie gut, dass ich gekommen bin, dachte Aurelius.

»Sie wünschen?«, fragte er den Mann, der düster den Brief anstarrte.

»Tee mit Zitrone«, sagte der Mann, ohne aufzuschauen.

»Haben Sie denn keinen anderen Wunsch?«, fragte Aurelius eindringlich.

Der Mann schaute noch immer nicht auf. »Ich hab doch schon gesagt, Tee mit Zitrone«, wiederholte er ungeduldig. Aurelius seufzte und dachte eine Tasse Tee mit Zitrone auf den kleinen Marmortisch. Ein Kaffeehaus, dachte er gleichzeitig, ist wohl doch nicht der richtige Platz für einen Weihnachtsengel.

Lange schlenderte Aurelius unschlüssig durch die Straßen. Schließlich hörte er Kinderstimmen aus einem großen, grauen Haus. *Volksschule* stand über dem Eingang. Aurelius öffnete die Tür und ging einen langen Gang entlang.

Die Kinder hatten gerade Pause. Sie aßen belegte Brote oder Wurstsemmeln und tranken mit Strohhalmen Milch oder Kakao. Ein paar Kinder drehten sich nach Aurelius um und kicherten.

»Der ist bestimmt vom Gymnasium drüben. Da proben sie ein Weihnachtsspiel«, sagte jemand.

Aurelius hörte leises Schluchzen. In einer Klasse saß ein Kind mit verheultem Gesicht.

»Hallo, Klaus, hast du Kummer?«, fragte Aurelius.

Klaus schaute Aurelius erstaunt an. »Bist du vom Schülertheater?«

»Nein, ich bin einer von den Himmlischen«, antwortete Aurelius. »Du darfst dir etwas wünschen«.

»Ich bin doch nicht blöd und glaub so was«, sagte Klaus.

»Hab ich nicht auch deinen Namen gewusst?«, gab Aurelius zu bedenken.

Klaus überlegte kurz. »Steht doch da auf meinem Heft«, sagte er dann.

»Du hast einen Wunsch frei. Versuch's doch«, drängte Aurelius.

»Na los, du Scherzbold. Dann verwandle mein *ausreichend* in ein *sehr gut!*«, verlangte Klaus und schob Aurelius sein Diktatheft entgegen. Da waren fast so viele Fehler wie Wörter.

»Noten sind doch unwichtig«, sagte Aurelius. »Gibt es denn nichts Wichtigeres, das du dir wünschst?«

»Ich hab mir gleich gedacht, dass du's nicht kannst«, sagte Klaus. Seufzend berührte Aurelius die Heftseite.

Null Fehler. Sehr gute Arbeit, stand da plötzlich mit Rotstift geschrieben. Im Diktat war kein einziger Fehler mehr. Sprachlos starrte Klaus auf die schön geschriebenen Zeilen. Als er wieder aufschaute, war Aurelius verschwunden.

Es war dunkel geworden.

Nachdenklich ging Aurelius an den weihnachtlich geschmückten Auslagen vorbei. Er schüttelte unzufrieden den Kopf. Einmal Tee mit Zitrone und ein *Sehr gut* im Diktatheft ... Mit dem letzten Wunsch würde er achtsamer umgehen. Plötzlich hörte er eine verzweifelte Stimme durch die dicken Wände eines Hauses. Denn natürlich können Engel durch Wände hören. Aurelius ging der Stimme nach. Durch eine Wohnungstür im ersten Stock konnte man die Stimme ganz deutlich hören. Auch wenn man kein Engel war.

»Wenn ich nur wüsste, was ich machen soll. Es ist zum Verzweifeln!«, jammerte die etwas schrille Stimme.

Aurelius läutete. Die Tür wurde sofort aufgemacht.

»Na, endlich sind Sie da«, sagte eine rundliche kleine Frau mit rotem Gesicht, ohne Aurelius anzusehen. »Fangen Sie gleich an, die Brötchen anzubieten.«

»Brötchen?!« Aurelius war verwirrt.

Jetzt schaute ihn die rundliche kleine Frau an.

»Bringen Sie nicht die Brötchen für unsere Weihnachtsfeier?«, fragte sie entsetzt. »Ja, was wollen Sie denn dann? Und warum sind Sie verkleidet, um Himmels willen?«

»Um Himmels willen«, bestätigte Aurelius. »Ich bin hier, um Ihnen einen Wunsch zu erfüllen.«

»Sie sehen doch, Sie stören«, sagte die Frau nervös. »Das ist eine private Weihnachtsfeier.«

Es läutete wieder an der Tür. Diesmal waren es die Brötchen. Drei Kellner reichten üppig beladene silberne Teller herum. Die Brötchen waren kunstvoll verziert. Die Frau bot Aurelius eins an, aber er lehnte dankend ab. Engel essen keine Brötchen.

»Haben Sie denn keinen Wunsch?«, fragte Aurelius die Frau. Ein paar Gäste kamen näher und hörten zu.

»Wir haben hier einen Weihnachtsengel«, rief die Frau. »Hat zufällig irgendjemand einen Wunsch?«

Die Gäste lachten und redeten durcheinander.

»Er soll beweisen, dass er ein echter Engel ist!«, rief ein Gast laut. »Vielleicht schweben oder was Engel halt so tun.«

»Ihr vergeudet eine Gelegenheit, die vielleicht nie wieder kommt«, sagte Aurelius eindringlich.

»Wunsch ist Wunsch«, rief der Gast störrisch.

»Jawohl, Beweise«, forderte jemand anderes lachend.

Aurelius war mit seiner Engelsgeduld am Ende. Er hob die linke Hand. Farbige Lichtstrahlen breiteten sich rund um ihn aus und wurden zu einem intensiven Leuchten. Einen Augenblick blieb Aurelius stehen. Dann schwebte er durch das geschlossene Doppelfenster in die dunkle Winternacht. Wie eine Sternschnuppe verglühte das Licht am nachtschwarzen Himmel.

»Frohe Weihnachten, lieber Aurelius«, rief der Oberengel zur Begrüßung. »Heuer bin ich Weihnachtsengel für die Himmlischen. Du hast einen Wunsch frei.«

»Halleluja!«, frohlockte Aurelius. Leise und fast richtig begann er *Stille Nacht* auf seiner Harfe zu spielen.

»Dein Wunsch?«, fragte der Oberengel.

»Nie wieder Weihnachtsengel«, sagte Aurelius.

Edith Schreiber-Wicke

13. Die Kerze, die nicht brennen wollte

Hinführung: Wann ist eine Kerze schöner? Wenn sie schön, aber ungebraucht herumsteht oder wenn sie strahlend leuchtet und sich verzehrt? *Vorlesedauer: ca. 2 Minuten.*

Nein, das hatte es noch nicht gegeben. Eine Kerze, die nicht brennen wollte, war absolut einmalig. Es herrschte große Aufregung unter den Kerzen im Wohnzimmer – zumal bald Weihnachten gefeiert werden sollte und die Kerzen mit ihrem festlichen Glanz die Dunkelheit verwandeln wollten. Eine alte, erfahrene Kerze bot sich an, mit der kleinen zu reden. »Nein, ich möchte nicht brennen«, antwortete die Kleine störrisch. »Wer brennt, verbrennt recht bald, und dann ist es um ihn geschehen. Ich möchte bleiben, wie ich bin – so schlank, so schön und so elegant.«

»Wenn du nicht brennst, bist du tot, noch bevor du gelebt hast«, antwortete die Alte gelassen. »Dann bleibst du auf ewig Wachs und Docht, und Wachs und Docht sind nichts. Nur wenn du dich entzünden lässt, wirst du, was du wirklich bist.«

»Na, da danke ich schön«, entgegnete die Kleine ängstlich. »Ich möchte mich nicht verlieren, ich möchte lieber bleiben, was ich jetzt bin. Gut, es ist etwas langweilig und manchmal etwas dunkel und kalt, aber es tut noch lange nicht so weh wie die verzehrende flackernde Flamme.«

»Man kann es eigentlich nicht mit Worten erklären, man muss es erfahren«, antwortete die Alte rätselhaft. »Nur wer sich hergibt, verwandelt die Welt, und indem er die Welt verwandelt, wird er auch mehr er selbst. Du darfst nicht über das Dunkel und die Kälte klagen, wenn du nicht bereit bist, dich anstecken zulassen.«

Da ging der kleinen Kerze plötzlich ein Licht auf. »Du meinst, man ist das, was man von sich herschenkt?«

»Ja«, antwortete die Alte. »Man bleibt dabei nicht so schlank, so schön und so elegant. Man wird gebraucht und gerät auch etwas aus der Form. Aber man ist mächtiger als jede Nacht und alle Finsternis der Welt.«

So geschah es, dass die kleine Kerze ihren Widerstand aufgab und sich entzünden ließ. Je mehr sie flackerte, umso mehr verwandelte sie sich in reines Licht und leuchtete und strahlte, als gelte es die ganze Welt zu wärmen und alle Nächte hell zu machen. Wachs und Docht verzehrten sich, aber ihr Licht leuchtet bis auf den heutigen Tag in den Augen und Herzen all der Menschen, für die sie brannte.

Ulrich Peters

14. Die Listigen Schleichfüsse und das Weihnachtsfest

Hinweis: Hervorragend geeignet, in einer Schulklasse lesen zu lassen, auch wenn viele Klischees vorkommen und sich die heutigen Indianer auch »entwickelt« haben. Entscheiden Sie selbst!

24 Personen werden benötigt: Erzähler (= Erz.), Häuptling Rauchender Kopf, Scharfer Pfeil, Silberne Birke, Starker Löwe, Rehauge, Heller Stern, Weißer Knochen, Geschlitztes Ohr, Goldene Sonne, Silberner Fisch, Adlerauge, Brüllender Bär, Heller Mond, Mutiger Büffel, Prächtige Feder, Brauner Wolf, Schlauer Fuchs, Kleiner Frosch, Kleine Schlange, Gelbe Blume, Flinker Fuß, Schnelle Gazelle, Kleiner Wiesel.

Hinführung: Die Namen »Adlerauge«, »Mutiger Büffel« oder »Schnelle Gazelle« versetzen uns ins Reich der Indianer. Ob sie mehr von Weihnachten verstehen als wir?

Vorlesedauer: ca. 8 Minuten.

Erzähler (= Erz.): Wir befinden uns im Land der Roten Erde beim Indianerstamm der Listigen Schleichfüße. Häuptling Rauchender Kopf hat seinen ganzen Stamm zum großen Palaver ans Lagerfeuer gerufen.

Häuptling: Wir haben gehört vom TAM-TAM – von dem großen Fest der Bleichgesichter, die sich »Christen« nennen. Nun habe ich euch alle hier zusammengerufen, um zu erfahren, was das für ein Fest ist. Ist es ein gutes Fest, dann wollen wir es auch feiern.

(Alle Indianer nicken sich eifrig zu und reden durcheinander)

Erz.: Alle Listigen Schleichfüße sind begeistert und Scharfer Pfeil, Silberne Birke und Starker Löwe rufen:

Scharfer Pfeil: Feiern? Das ist gut!

Silberne Birke: Oh ja, lasst uns feiern!

Starker Löwe: Wow, Büffelfleisch und Feuerwasser ist was für den Starken Löwen!

Erz.: Auch Rehauge und Heller Stern sind entflammt.

Rehauge: Das ist ja super! Dann kann Rehauge endlich ihr neues Hirschkuhkleid tragen!

Heller Stern: Und Heller Stern ihre neuen Mokassins!

Erz.: Doch der Häuptling hebt die Hand und bittet um Ruhe.

Häuptling: Ruhe! Wir wollen das Fest zuerst prüfen. Jeder soll jetzt sagen, was er über das Fest weiß. Wir müssen vor allem wissen, warum es überhaupt gefeiert wird.

Erz.: Zunächst einmal meldet sich keiner zu Wort. Nun, sie wissen halt nicht viel über das große TAM-TAM. Ob überhaupt jemand etwas zu erzählen weiß? – Endlich erhebt sich einer der Indianer. Es ist Weißer Knochen, der Medizinmann des Stammes.

Weisser Knochen: Es ist ein großes Fest. Man feiert es mehrere Tage lang. Aber Weißer Knochen weiß nicht, warum es gefeiert wird.

Erz.: Wieder schweigen die Listigen Schleichfüße. – Weiß denn keiner etwas anderes zu berichten? Doch halt! Da meldet sich noch der Krieger Geschlitztes Ohr zu Wort. Er ist der größte Späher des Stammes.

Geschlitztes Ohr: Ich habe gesehen, dass die Bleichgesichter lange Tage Vorbereitungen treffen. Sie tauschen Waren ein, bereiten große Essen vor und hängen bunte Lianen in ihre Häuser. Aber warum sie das große Fest feiern, das weiß ich auch nicht.

Häuptling: Danke, Weißer Knochen und Geschlitztes Ohr. Wir haben allerdings noch nicht viel erfahren. So kommen wir nicht weiter! Wenn wir dieses große Fest feiern wollen, dann müssen wir genau wissen, warum wir es feiern und wie es gefeiert werden muss. (*denkt nach*) Ich hab's! Wir werden einige besonders Kluge von uns entsenden. Die sollen herausfinden, was es mit dem großen TAM-TAM, das die Bleichgesichter »Weihnachten« nennen, auf sich hat.

(Alle Indianer erheben sich und verschwinden)

Erz.: Und so geschah es. Der Häuptling suchte 13 kluge Späher aus und sie wurden ausgesandt, um zu erkunden, warum und wie man das große Fest feiert. –
Einige Tage sind vergangen. Inzwischen sind alle zu ihrem Stamm zurückgekehrt. Voller Erwartungen haben sich die Listigen Schleichfüße versammelt. Sie hoffen, nun alles über das große Fest zu erfahren, von dem sie bis jetzt nur wissen, dass es »Weihnachten« heißt.« Da ruft die Goldene Sonne:

Goldene Sonne: Ich freue mich schon so auf das Fest! Du auch, Silberner Fisch?

Silberner Fisch: Ich auch! Bestimmt gibt es viel gutes Essen! (*reibt sich den Bauch*)

Häuptling: Ruhe! – Listige Schleichfüße! Unsere tapferen Späher sind zurückgekehrt. Lasst sie nun sprechen, damit auch wir bald das große TAM-TAM richtig feiern können. Zuerst du, Adlerauge! Was hast du erfahren?

Adlerauge: Unauffällig schlich ich durch eine große Siedlung. Ich war wie geblendet: überall Licht! Bunte Lichter über den Wegen, in den Fenstern, an den Stein-Wigwams. Es waren seltsame Lichter, ganz ohne Feuer und Rauch! Überall sah ich Bäume mit Lichtern. Auf den Plätzen große und in den Stein-Wigwams kleine. Ich dachte also, das Fest wird gefeiert, um alles zu erleuchten. Wahrscheinlich sollen dadurch die Götter friedlich gestimmt werden und deren Aufmerksamkeit soll auf die Siedlung gelenkt werden. (*setzt sich*)

Erz.: So sprach Adlerauge. Oh, der Brüllende Bär springt auf!

Brüllender Bär: Auch Brüllender Bär sah ein helles Licht. Es kam aus einem eckigen Kasten und flimmerte in bunten Farben. Stundenlang saßen die Bleichgesichter davor und starrten auf laufende Bilder. Ich denke, der große Manitu der Bleichgesichter sitzt in diesem Kasten.

Heller Mond: Nein, nein, Häuptling, das kann nicht sein! Heller Mond hat ganz andere Dinge beobachtet! Überall waren Fleisch,

Brot und andere unbekannte Dinge zu sehen. Ich sah, dass die Bleichgesichter in riesigen Stein-Wigwams ungeheure Mengen davon eintauschten. Sie lagerten sie bis zum Tage des TAM-TAMS. Ich denke, das Fest ist ein Fest des Essens und Trinkens. An diesem Tag dürfen die Bleichgesichter so viel essen, wie sie nur können.

ERZ.: Nun erhebt sich Mutiger Büffel.

MUTIGER BÜFFEL: Mutiger Büffel sah manche Bleichgesichter, die trugen rote Mäntel mit Mützen. Ihre Gesichter versteckten sie unter weißem Fell. Sie schleppten Säcke und verteilten daraus bunte Päckchen an die Kinder.

HÄUPTLING: Danke euch Vieren! Prächtige Feder, nun sprich du. Was hast du beobachtet?

PRÄCHTIGE FEDER: Prächtige Feder sah Bleichgesichter kleine verstaubte Büchlein aus hinterster Ecke holen. Sie schrieben daraus viele Namen von anderen Bleichgesichtern auf bunte Karten. Die versteckten sie in geheimnisvollen gelben Kästen, die an den Wegrändern standen. Ich denke, es ist ein Tag der Stille, bei dem keiner reden darf. (*setzt sich wieder*)

ERZ.: Nun erheben sich die drei Späher Brauner Wolf, Schlauer Fuchs und Kleiner Frosch. Auch sie haben zu berichten.

BRAUNER WOLF: Häuptling Rauchender Kopf und ihr alle, meine Schwestern und Brüder! Hört, was wir bemerkt haben! Überall wurde Lärm gemacht. Aus großen und aus kleinen Kästen kamen Geräusche und Stimmen.

SCHLAUER FUCHS: Ja! Und oft wurden Lieder gesungen. Aber nach einiger Zeit merkten wir, dass es immer dieselben Lieder waren. Wir können euch später welche davon vorsingen.

KLEINER FROSCH: Wir denken, es ist kein Fest der Stille, sondern ein Fest des Lärms und der Lieder. Sicherlich will man damit die Götter erfreuen. (*Die drei Späher setzen sich wieder.*)

HÄUPTLING: Danke! Nun sprecht ihr, Kleine Schlange und Gelbe Blume! Was habt ihr beobachtet?

Kleine Schlange: Heimlich beobachtete Kleine Schlange mit Gelber Blume drei Tage lang eine Familie am Rande der großen Siedlung. Jeder in der Familie tauschte etwas im Laden ein, was er gar nicht gebrauchen konnte und dann versteckten sie diese Dinge.

Gelbe Blume: Genau! Als der große Festtag da war, suchten sie es wieder heraus und gaben es den anderen. Dabei machten sie ganz viel Lärm und umarmten sich manchmal auch. Wir denken, das Fest ist ein anstrengender Tag. Jeder muss dem anderen etwas geben.

Erz.: Da springen die Späher Flinker Fuß, Schnelle Gazelle und Kleiner Wiesel auf und berichten:

Flinker Fuss: Flinker Fuß schlich sich in die Heiligtümer der Bleichgesichter. Sie nennen diese Stein-Wigwams »Kirchen«. Dort sahen wir nur ganz wenige Bleichgesichter. Doch an dem Tag des großen TAM-TAMS kamen so viele, dass nicht einmal alle Platz hatten.

Schnelle Gazelle: Schnelle Gazelle fand in manchen Kirchen kleine Kästen aus Holz. Darin lag ein Kind. Aber das Kind lebte nicht; es war aus Holz. Dann hatten wir großes Glück! Wir trafen Lahmer Wolf, der vor Jahren von uns wegging, um mit den Bleichgesichtern zu leben. Nun erzähl du, Kleiner Wiesel!

Kleiner Wiesel: Wir fragten ihn nach dem großen Fest. Da erzählte er uns, dass man beim großen TAM-TAM wohl die Geburt eines Gottes feiert.

(Die drei setzen sich.)

Häuptling: Ich danke euch allen fürs Berichten. Aber ihr bringt uns in große Schwierigkeiten. Jeder von euch erzählt etwas anderes. Wer von euch hat denn nun Recht? Warum wird das große Fest »Weihnachten« denn nun gefeiert?

Erz.: Ja, wer hat Recht? Nun streiten sie sich. Alle Späher haben richtig beobachtet. Aber jedem fiel etwas anderes auf. Jeder ist zu einem anderen Ergebnis gekommen. Wer hat Recht? Es gibt aber noch ganz andere Fragen: Lag es an den Menschen, dass die Listigen Schleichfüße noch immer nicht wissen, warum Weihnachten gefeiert wird? Kennen WIR den Sinn des Weihnachtsfestes? Können Beobachter an UNS erkennen, warum wir Weihnachten feiern? Aber halt! Das große Palaver ist beendet. Wir wollen hören, was Häuptling Rauchender Kopf entscheidet!

HÄUPTLING: Ich habe den Eindruck, es gibt Bleichgesichter, die nicht genau wissen, warum sie das Fest feiern. Darum werden wir bei unseren eigenen Festen bleiben. Ich habe entschieden, dass wir Weihnachten nicht feiern werden. Hough, Häuptling Rauchender Kopf hat gesprochen.

Weiterführung: Was feiern *wir* denn nun an Weihnachten?

15. Christophorus

Hinweis: In einem Unicef-Bastelbuch zur Adventszeit heißt diese Geschichte »Der Kinderstern« und ein Stern wird darin von Tag zu Tag leuchtender.
Hinführung: Christophorus ist der riesige Mann, der die Menschen durch einen tiefen Fluss trägt und dabei einmal vom Jesuskind getauft wird. Wir hören, wie dieser Mann immer noch unterwegs ist.
Vorlesedauer: ca. 6 Minuten.

Es war einmal ein Mann
namens Christophorus.
Er war groß und stark
und fürchtete sich
vor nichts und niemandem.

Christophorus wollte kämpfen,
aber er fand keinen,
der sich ihm stellen wollte.

Eines Nachts aber
träumte Christophorus
von einem Ungeheuer,
das die ganze Welt regierte.

Da machte sich
Christophorus auf,
um es zu suchen
und zum Kampf aufzufordern.

Im ersten Jahr
kam er in ein Land
mit hohen Bergen.
Am Fuße eines Berges
begegnete er einem Jungen,
der Jon hieß.
Er saß vor einer Holzhütte
und weinte.

Warum weinst du?
fragte Christophorus.
Ich habe Angst
vor dem Schnee,
sagte Jon,
hilf mir!
Nein, sagte Christophorus,
ich habe keine Zeit,
ich bin auf der Suche
nach einem Ungeheuer,
das die ganze Welt regiert.

Und Christophorus
wanderte weiter.

Aber als er sich noch einmal
nach Jon umdrehte,
löste sich eine Lawine
und riss Bäume und
auch die Holzhütte mit.

Im zweiten Jahr
kam er in ein Land
mit großen Flüssen.
Am Ufer eines Flusses
begegnete er einem Mädchen,
das Radha hieß.
Es saß vor einer Lehmhütte
und weinte.

Warum weinst du?,
fragte Christophorus.
Ich habe Angst vor dem Wasser,
sagte Radha,
hilf mir!
Nein, sagte Christophorus,
ich habe keine Zeit,
ich bin auf der Suche
nach einem Ungeheuer,
das die ganze Welt regiert.
Und Christophorus
wanderte weiter.
Aber als er sich noch einmal
nach Radha umdrehte,
ließ der Monsun
das Wasser steigen
und riss die Lehmhütte nieder
und überschwemmte das Land.

Im dritten Jahr
kam er in ein Land
mit riesigen Eisbergen.
Auf einer Insel
begegnete er einem Jungen,
der Nilas hieß.
Er saß vor einer Schneehütte
und weinte.

Warum weinst du?
fragte Christophorus.
Ich habe Angst
        vor der Dunkelheit,
sagte Nilas,
hilf mir!
Nein, sagte Christophorus,
ich habe keine Zeit,
ich bin auf der Suche
nach einem Ungeheuer,
das die ganze Welt regiert.

Und Christophorus
        wanderte weiter.
Aber als er sich noch einmal
nach Nilas umdrehte,
wurde es finstere Nacht,
und viele Wochen lang
ging die Sonne nicht mehr auf.

Im vierten Jahr kam er
        in ein Land
mit braunen Hügeln.
Am Fuße eines Hügels
begegnete er einem Mädchen,
dass Helena hieß.
Es saß vor einer Ziegelhütte
und weinte.

Warum weinst du?
fragte Christophorus.
Ich habe Angst vor dem Erdbeben,
sagte Helena,
hilf mir!
Nein, sagte Christophorus,
ich habe keine Zeit,
ich bin auf der Suche
nach einem Ungeheuer,
das die ganze Welt regiert.

Und Christophorus
        wanderte weiter.
Aber als er sich noch einmal
nach Helena umdrehte,
bebte die Erde,
Bäume stürzten,
und die Ziegelhütte
        brach zusammen.

Im fünften Jahr
kam er in ein Land
mit hohen Felsen und Schluchten.
Am Fuße eines Felsens
begegnete er einem Jungen,
der Mansur hieß
Er saß vor einem Zelt
und weinte.

Warum weinst du?
fragte Christophorus.
Ich habe Angst
vor der Krankheit,
sagte Mansur,
hilf mir!
Nein, sagte Christophorus,
ich habe keine Zeit,
ich bin auf der Suche
nach einem Ungeheuer,
das die ganze Welt regiert.

Und Christophorus
wanderte weiter.
Aber als er sich noch einmal
nach Mansur umdrehte,
öffnete der Junge seinen Mantel
und betrachtete
seine von der Lepra
verstümmelten Füße.

Im sechsten Jahr
kam er in ein Land
mit vielen Städten.
In einer Stadt
begegnete er einem Mädchen,
das Mahalia hieß.
Es saß vor einer Blechhütte
und weinte.

Warum weinst du?
fragte Christophorus.
Ich habe Angst vor dem Streit,
sagte Mahalia,
hilf mir!
Nein, sagte Christophorus,
ich habe keine Zeit,
ich bin auf der Suche
nach einem Ungeheuer,
das die ganze Welt regiert.

Und Christophorus
wanderte weiter.
Aber als er sich noch einmal
nach Mahalia umdrehte,
verfolgten zwei Kinder
das schwarze Mädchen
und schlugen
und verspotteten es.

Im siebten Jahr
kam er in ein Land,
von der Wüste umgeben.
Am Rande der Wüste
begegnete er einem Jungen,
der Bola hieß.
Er saß in einer Strohhütte
und weinte.

Warum weinst du?
fragte Christophorus.
Ich habe Angst vor dem Hunger,
sagte Bola,
hilf mir!
Nein, sagte Christophorus,
ich habe keine Zeit,

ich bin auf der Suche
nach einem Ungeheuer,
das die ganze Welt regiert.

Und Christophorus
wanderte weiter.
Aber als er sich noch einmal
nach Bola umdrehte,
brannte die Sonne vom Himmel
und die Erde vertrocknete
und die Pflanzen verdorrten.

Im achten Jahr
kam er an einen Ort
namens Bethlehem.
In Bethlehem
begegnete er einem Mann
und einer Frau,
die Unterkunft in
einer Herberge suchten.
Aber wo sie auch anklopften,
wurden sie weggejagt.
Die Frau saß auf einem Esel
und weinte.

Warum weinst du?
fragte Christophorus.
Ich werde ein Kind gebären,
sagte die Frau,
und ich weiß nicht,
wohin ich es betten soll.
Hilf mir!
Nein, sagte Christophorus,
ich bin müde.
Acht Jahre lang bin ich unterwegs
Und habe noch immer
nicht gefunden,
was ich suche.

Draußen auf dem Felde
legte sich Christophorus nieder
und schlief ein.
Da träumte er von einem Kind,
das lag in einer Krippe,
nackt und bloß,
und rief seinen Namen:
Christophorus!

Da erwachte er
und entdeckte am Himmel,
über einem kleinen Stall,
einen leuchtenden Stern.
Christophorus erhob sich,
folgte dem Stern
und fand im Stall
den Mann und die Frau
aus Bethlehem wieder.
In einer Krippe aber
lag das Kind,
das ihn gerufen hatte.

Es lächelte Christophorus zu.
Und plötzlich, wie er es
so da liegen sah,
hilflos,
des Schutzes bedürftig,

standen alle Kinder vor ihm,
denen er begegnet war,
Jon, Radha,
Nilas, Helena, Mansur,
Mahalia, Bola.

Und er erinnerte sich
an ihre Angst
vor dem Schnee,
dem Wasser,
der Dunkelheit,
dem Erdbeben,
der Krankheit,
dem Streit,
dem Hunger.

Christophorus erschrak.

Siebenmal war er
dem Ungeheuer begegnet
und hatte es nicht erkannt.

Da brach Christophorus
zum zweiten Mal auf.
Er wusste jetzt,
wo er das Ungeheuer
finden würde.

Wird er stark genug sein,
es zu bekämpfen?

Willst du mit ihm gehen
und ihm helfen?
Er braucht dich!

Max Bolliger

16. Das Christkind an den Bahnschienen

Hinführung: In jedem Menschen können wir Jesus begegnen. Wir hören eine Geschichte, in der ein Mädchen versteht, dass Bethlehem überall ist – auch neben den Bahnschienen. *Vorlesedauer: ca. 7 Minuten.*

Es war großartig gewesen! Ich hatte beim Krippenspiel im Internat die Maria spielen dürfen! Unsere Weihnachtsfeier ist der Höhepunkt im Schuljahr! Ich bekam für die Maria ein Kleid aus tiefblauer Seide und einen passenden Schleier dazu. Die Aula unserer Mädchenschule war voller Menschen gewesen. Josef, die Engel und die Hirten hatten auch gut gespielt. Wir bekamen viel Beifall.

Gleich nach der Weihnachtsfeier fuhr ich nach Hause in die Ferien. Weil mein Vater mich diesmal nicht in Jakarta abholen konnte, kam meine Tante. Als wir im Zug saßen, der uns nach Khasing bringen würde, blickte ich gelangweilt aus dem Fenster. Ich hatte immer noch das Krippenspiel im Kopf, die Instrumente, die Engel, die Puppe auf weißen Spitzen, die das Christkind darstellte. Plötzlich, es war ganz eigenartig, sah ich die Wirklichkeit draußen ganz anders. Ich bemerkte auf einmal die vielen Armensiedlungen, an denen wir vorbeifuhren.

Jakarta platzt aus allen Nähten. Immer mehr Menschen glauben, in der Stadt eine Arbeit zu finden. Ich sah kleine Jungen als Wasserverkäufer, die waren nicht älter als ich, aber spindeldürr und trugen zerlumpte Kleider.

Andere Kinder spielten im Dreck, Händler drängten sich an die Schienen, aber unser Zug fuhr schnell, da hatten sie keine Chance, uns irgendetwas zu verkaufen. Ich sah Menschen, die keine Häuser hatten. Sie lagen einfach neben den Schienen auf Pappdeckeln und Matten. Der Zug kroch über eine Brücke. An einer Seite standen viele Bretterbuden. Frauen saßen vor offenen Feuerstellen und kochten Tee.

»Leben diese Menschen hier immer so erbärmlich?«, fragte ich meine Tante. Ein wenig schämte ich mich, denn ich hatte eigentlich noch nie bemerkt, wie viel Elend es in Jakarta gibt. Mir war, als müssten sich die vielen Menschen ganz klein machen und ihre Beine einziehen, wenn unser Zug vorbeikam.

»Die Bahnschienen sind Niemandsland«, sagte meine Tante, »die hier wohnen, haben nichts«. »Nicht einmal Trinkwasser?«

»Nein, das müssen sie erst noch kaufen.«

»Warum sind die Menschen so arm?« »Weil sie keine Arbeit haben. Sie verdienen sich etwas als Essensverkäufer oder als Händler.«

Zu uns ins Abteil kamen die fliegenden Händler nicht. Wir fuhren erster Klasse. Zu uns kam eine Hostess, die fragte, was wir essen wollten. Ich bestellte Nasi Goreng. Es schmeckte mir nicht so gut wie sonst. Ich musste immer wieder aus dem Fenster schauen. Es war, als rollte ein grauenvoller Film vor meinen Augen ab.

»Schau nicht hin, es ist ein Bild des Jammers«, meinte meine Tante.

»Aber wo wohnen die vielen Menschen, haben sie keine Häuser?«

»Nur Bretterverschläge, nur Dächer über einer Wand.«

Ich konnte in diese Bretterverschläge hineinsehen. Ich sah schreiende Kinder, die in dunkle Pfützen sprangen, schimpfende Großmütter und junge Frauen, die traurig in einem Topf rührten.

»Wovon leben diese Menschen?« Meine Tante wurde ungeduldig. »Das weiß ich nicht. Irgendwie leben sie wohl, sonst wären die Züge und die Busse nicht so überfüllt. Ich fahre sehr ungern durch dieses Viertel, da sind mir grüne Reisfelder und Wasserbüffel schon lieber als dieses Elend. Es gibt doch auch ein schönes Indonesien!«

Meine Neugierde war geweckt. Wir wohnen in einem schönen Viertel. Ich war zwar schon oft diese Strecke im Zug gefahren, aber dann hatte ich entweder mit meinem Vater geplaudert oder gelesen. Das Elend draußen war mir noch nie aufgefallen. Warum sind einige Menschen reich, und warum sind so viele Menschen so arm?, schoss es mir immer wieder durch den Kopf. Deshalb fragte ich meine Tante: »War Jesus eigentlich arm oder war er reich?«

»Eher arm, er ist in einem Stall zur Welt gekommen«.

»Warum habe ich dann als Maria ein blaues Seidenkleid getragen, und warum lag unser Puppenjesuskind beim Krippenspiel auf einem Kissen?«

Meine Tante gab keine Antwort. Sie wollte gerade ihren bestellten Fruchtsaft entgegennehmen, als unser Zug mit einem harten Ruck hielt. Meine Tante verlor das Gleichgewicht und rutschte in eine Ecke.

»Ein Unglück«, rief sie entsetzt.

»Keine Aufregung«, die Hostess lächelte wie immer.

»Ein geringfügiger Schaden an der Lokomotive«, hieß es später, »höchstens eine Stunde Aufenthalt«. Ich wollte den Zug verlassen. Meine Tante folgte mir nur widerwillig. Es war wirklich schmutzig draußen. Überall lagen Abfallberge. Kinder in zerlumpten Kleidern bettelten uns an.

»Lass uns gleich wieder in unser Abteil steigen«, bat meine Tante.

»Sieh doch Tante, da drüben!« Ich zeigte aufgeregt in eine Richtung.

»Das ist doch nichts für dich. Die Frau hat hier eben neben den Bahnschienen ein Kind geboren. Komm, das ist kein Anblick für dich.« Mit diesen Worten zerrte sie mich wieder in den Zug. Ich sah noch einige Leute, die auf die Frau zueilten. Waren das Engel, waren das Hirten? Brachten sie etwas zum Essen? Hier, ganz nahe an den Bahnschienen, war ein Menschenkind zur Welt gekommen. *»Überall ist Bethlehem«*, schoss mir durch den Kopf.

»Vielleicht ist es das Jesuskind, das hier an den Bahnschienen liegt«, sagte ich. Meiner Tante blieb der Mund offen stehen.

»Das Jesuskind? Antah, Mädchen, das kann ja wohl nicht dein Ernst sein! Jesus wurde vor 2000 Jahren in Bethlehem geboren!«

»Und ER wird immer wieder neu geboren, haben wir im Religionsunterricht gelernt«, antwortete ich hartnäckig.

»Alles wieder einsteigen, der Zug fährt weiter!« hieß es. Meine Tante war sichtlich erleichtert.

»Wir haben das Kind nicht einmal angesehen, wir haben ihm nichts geschenkt«, sagte ich schuldbewusst. »Seine Mutter hatte nicht einmal einen Stall, nur ein Dach. Dieses Jesuskind hier in Indonesien ist noch viel ärmer als das in Bethlehem.«

»Antah, hör endlich damit auf. Denk lieber an Weihnachten.«

»Ich denke die ganze Zeit an Weihnachten«. Meine Tante seufzte und schwieg.

Der Zug setze sich langsam in Bewegung. Ich schaute noch einmal aus dem Fenster. Mir war, als sähe ich irgendwo ein Licht.

»Wir waren Bethlehem ganz nah, glaubst du nicht?«

Eva-Maria Kremer

17. Der Weihnachtsengel

Hinführung: Gibt es Engel? Manchmal sind sie ohne Flügel aber so geheimnisvoll wie helfende Boten Gottes.
Vorlesedauer: ca. 5 Minuten.

Zum ersten Mal durfte Peter Wallner mit seinem Vater in den Wald gehen, um einen Weihnachtsbaum auszusuchen. Dort hatte ein Freund des Vaters, der Förster war, einige Bäume zum Abschlagen frei gegeben. Und Peter war jetzt alt genug, seinem Vater dabei zu helfen.

Also bauten sie den Gepäckträger auf das Autodach, nahmen Säge, Axt, Handschuhe und ein langes Seil mit und fuhren los. Es war ein weiter Weg bis zu dem Waldstück, das der Förster betreute. Da die Dämmerung sehr bald hereinbrach, mussten sie sich beeilen.

Endlich fanden sie das Hinweisschild und die nummerierten Bäume, die zur Auswahl standen. Peter wählte gleich den erstbesten Baum, eine sehr große und weit ausladende Fichte.

»Papa, den nehmen wir, der ist schön.«

»Aber nicht doch, Peter, der ist viel zu groß für unser Zimmer. Hier sind ein paar kleinere, sieh mal!«

Sie suchten sich eine kleine Fichte aus mit dichten, saftiggrünen Zweigen.

Doch das Abschlagen des Bäumchens gestaltete sich zu einer schwierigen Aktion. Da musste rundherum noch eine Menge Unterholz weggeräumt werden. Als schließlich die Fichte gesäubert und verschnürt auf dem Gepäckträger lag, war es schon dunkel. Höchste Zeit also, nach Hause zu kommen.

Aber was war das? Der Wagen sprang nicht an.

»Das fehlt noch«, schimpfte der Vater. Er konnte noch so oft den Startversuch wiederholen und noch so heftig schimpfen – der Wagen sprang nicht an. Zu allem Überfluss stand er auch noch auf einem unwegsamen Waldgelände, wo kein Schieben möglich war. Was tun? Hätte er doch wenigstens sein Handy mitgenommen! Aber wie das oft ist: wenn man es nicht dabei hat, braucht man es am dringendsten.

»Verflixte Weihnacht«, brummte der Vater vor sich hin, »Wagen defekt, Handy zu Hause, weit und breit kein Mensch und stockduster!«

Peter war ganz traurig geworden, weil er auch keinen Rat wusste und den Heiligen Abend schon dahinsausen sah.

Ganz still im Herzen betete er, der liebe Gott möge ihnen jetzt aus der Patsche helfen, egal wie.

Doch der Wagen wollte und wollte einfach nicht anspringen. Peter begann an der Hilfsbereitschaft des lieben Gottes zu zweifeln.

Es dauerte vielleicht zehn Minuten, bis plötzlich ein Auto daherkam; es fuhr so langsam, als ob der Fahrer etwas suchte. Vater stellte sich mitten auf den Weg, um von den Scheinwerfern erfasst zu werden, und winkte. Der Wagen kam langsam näher und hielt an.

»Kann ich Ihnen helfen?« fragte ein junger Mann und ging den beiden entgegen.

»Und ob«, entgegnete erleichtert Herr Wallner.

»Mein Wagen springt nicht an.«

»Das werden wir gleich haben«, meinte der junge Mann und packte ein Kabel aus.

»Sie kommen wie von Gott geschickt«, sagte Herr Wallner.

»Komm ich ja auch«, erwiderte lachend der junge Mann und machte sich an der Batterie zu schaffen. Peter schickte indes ein kurzes Dankeschön zum Himmel. Er entschuldigte sich auch für sein Misstrauen dem lieben Gott gegenüber. Nach ein paar Minuten starteten beide Männer ihre Wagen und alles lief wieder wie gewohnt.

»Herzlichen Dank für Ihre Hilfe«, sagte Herr Wallner, »was bin ich Ihnen schuldig?«

»Aber ich bitte Sie«, antwortete der junge Mann, »das war doch selbstverständlich.«

Peter und sein Vater waren glücklich, dass alles so gut verlaufen war. Während sie noch darüber nachdachten, fiel ihnen auf, dass der junge Mann den Waldweg nicht weiterfuhr, sondern wieder umkehrte. War er nur gekommen, um uns zu helfen? Wieso wusste er von diesem Missgeschick? Das kam ihnen merkwürdig vor. Rasch notierte sich Peter das Kennzeichen des fremden Wagens. Die Adresse des Fahrers würden sie bei der Behörde erfragen, um sich nachträglich noch mit einem kleinen Geschenk zu bedanken. So fuhren sie fröhlich nach Hause.

Einige Tage später erkundigte sich der Vater nach dem Fahrzeughalter. Aber die Dame am Schalter konnte trotz eifriger Nachforschung nichts finden. »Es tut mir Leid, Herr Wallner, aber dieses Kennzeichen gibt es nicht.«

Herr Wallner ging sehr nachdenklich nach Hause. Zu Hause sagte er zu seiner Familie: »Es war ein Engel, der uns geholfen hat.«

Jörg Müller/Konrad Steininger

18. Ochs und Esel

Hinführung: In Tieren wird geschildert, wie wir Menschen oft sind. Immer ist ein Kind eine große Chance, unser Herz anzurühren.
Vorlesedauer: ca. 4 Minuten.

In dem Stall, in welchem das Christkind geboren werden sollte, lebten ein Ochse und ein Esel. Sie lebten nicht gerade friedlich miteinander, sondern eher so nebeneinander her, weil sie sich nicht besonders gut leiden konnten. Der Ochse war dem Esel zu träge, der Esel dem Ochsen zu störrisch – deshalb wussten sie eben nicht viel miteinander anzufangen. So war es nur eine Art Zweckgemeinschaft, denn sie hatten eine gemeinsame Futterraufe. Und wenn es ums Futter geht, hält man es meist doch miteinander aus. Das war aber ihre einzige Gemeinsamkeit.

Als nun der Erzengel Gabriel der Jungfrau Maria die frohe Botschaft überbrachte, dass sie die Mutter Gottes werden sollte, schaute er auch gleich in dem Stall vorbei und hielt dem Ochsen und dem Esel eine Rede. Sie müssten, so bestimmte er, ihre gemeinsame Futterkrippe dem Christkind zur Verfügung stellen, wenn es geboren sei; denn das Kind hätte kein Bett. Doch damit nicht genug – sie sollten außerdem das Kind auch noch mit ihrem Atem wärmen, wenn es frieren würde.

Der Ochse nahm die Nachricht eher gelassen hin; ihm war sowieso meist alles gleichgültig. Er dachte nur: Zum Wärmen des Kindes bin ich sicher zu faul. Der Esel aber regte sich fürchterlich auf: »Ist es nicht genug«, sagte er zum Erzengel Gabriel, »dass ich dauernd schwere Körbe tragen und meine Freizeit mit diesem trägen Ochsen verbringen muss? Soll ich jetzt vielleicht auch noch vom Boden fressen und meinen eigenen Atem hergeben?!«

Der Engel schüttelte den Kopf, breitete seine Flügel aus und entschwebte.

Der Ochse wusste, was jetzt wieder auf ihn zukam: er musste sich das Geschimpfe des Esels anhören. Der Esel beklagte sich über dieses und jenes, wie schlecht die Unterkunft und wie mager das Futter sei, wie viel er arbeiten müsse und was ihm nun außerdem noch zugemutet werden sollte. Irgendwann war das sogar dem trägen Ochsen zu viel. Er sagte dem Esel seine Meinung und von da an sprachen sie überhaupt nicht mehr miteinander.

Eines Abends kamen ein Mann und eine Frau in den Stall, um dort zu übernachten. Der Ochse sah gelangweilt zu, wie sie sich im Heu niederließen. Der Esel aber verfolgte die Angelegenheit mit Misstrauen, nachdem tags zuvor nochmals der Engel bei ihnen vorgesprochen und gesagt hatte, dass nun die Zeit für die Geburt des Christkindes gekommen sei. »Ich werde«, so dachte der Esel bei sich, »den letzten Strohhalm aus der Futterkrippe fressen – soll die Frau doch sehen, wohin sie ihr Kind dann legt! – und in die entgegen gesetzte Richtung hauchen, wenn das Theater losgehen wird.«

Aber irgendwie fühlte sich der Esel seltsam angerührt – er ließ das Heu in der Krippe liegen. Auch der Ochse verlor etwas von seiner Trägheit, denn es wurde plötzlich strahlend hell im Stall, als die Frau ihr neugeborenes Kind in die Futterkrippe legte. Es war eine bitterkalte Nacht, so dass das Kind fror.

Der Esel fühlte sich hin und her gerissen. Mit seinem Eselsverstand konnte er noch nicht so recht erfassen, welches Wunder geschehen war. Er zierte sich ein wenig und bockte vor sich hin. Auch der Ochse dachte etwas langsam. Er trat bedächtig von einem Bein aufs andere und wusste nichts Rechtes anzufangen. Doch endlich begriffen auch sie. Dieses Kind rührte an ihr Herz. Der Ochse und der Esel sahen sich wirklich an – zum ersten Mal waren sie sich plötzlich einig: Sie wärmten beide das Kind mit ihrem Atem. Von Stund an blieben sie Freunde. Der Ochse war nicht mehr so träge und der Esel nicht mehr so störrisch. Und jetzt hatten sie außer ihrer Futterkrippe noch eine Gemeinsamkeit – sie hatten das Christkind mit ihrem Atem gewärmt.

Jutta Fellner-Pickl

19. Lauter Wünsche an das Christkind

Hinführung: Hast du schon einmal einen Wunschbrief an das Christkind geschrieben? Wir hören, was sich Kinder wünschen!
Vorlesedauer: ca. 4 Minuten.

1. Miriams Wunsch:

Liebes Christkind,

nimm bitte meinen Bruder, verpacke ihn ganz schön und verschenke ihn an andere. Mir könntest du dann dafür ein Meerschweinchen schenken.

Am liebsten wäre mir ein Angorameerschweinchen. Das ist viel besser als ein Bruder. Kannst du glauben! Erstens futtert es einem nicht alles weg, wie das mein verfressener (Entschuldigung, aber es stimmt!) Bruder tut. Zweitens will es nicht immer Recht haben wie mein Bruder. Drittens wird es garantiert nicht dauernd auf ein anderes Programm umstellen, wenn ich meine Lieblingssendung sehen möchte. Viertens haut und zankt es nicht. Fünftens, und überhaupt, ist es bestimmt insgesamt viel netter als mein Bruder. Es gibt sicher noch zehn andere Gründe, ihn gegen ein Meerschweinchen zu tauschen. Aber die ersten fünf reichen schon.

Falls du keinen kennst, der meinen Bruder geschenkt will, rufe mich bitte an, liebes Christkind. In meiner Klasse gibt es nämlich eine, die einen Bruder möchte. Das liegt daran, dass sie noch nie einen gehabt hat.

Wenn du nicht genug Geschenkpapier für dieses große und etwas dickliche Geschenk auftreiben kannst, besorge ich es. Hauptsache, alles klappt.

Deine Miriam

2. Jochens Wunsch:

Liebes Christkind,

mein Papa hat so eine laute Brüllstimme. Schenke ihm bitte eine leisere, damit er Mama und mich nicht immer erschreckt. Oder montier ihm irgendwo einen unauffälligen Knopf, mit dem wir ihn leiser stellen können.

Das war mein erster Wunsch. Ich habe auch noch einen zweiten, der ist einfacher. Meine Mama kocht immer das Gleiche. Oder vielleicht schmeckt es auch immer nur gleich. Schenk ihr bitte ein Kochbuch mit ganz vielen verschiedenen Gerichten. Und jedes soll einen eigenen Geschmack haben. Wahrscheinlich glaubst du mir das mit dem gleichen Geschmack nicht, liebes Christkind, dann komm zu uns. Du darfst eine Woche die Hälfte von meinem Mittagessen haben. Danach glaubst du es mir garantiert.

Dein Jochen

3. Julias Wunsch:

Liebes Christkind,

schenke mir bitte irgendwas, damit ich abends keine Angst mehr vor dem Einschlafen habe. Sehr gut wären dafür Eltern, die sich ans Bett setzen und vorlesen. Meine tun das leider nie. Das finde ich ziemlich doof. Aber wenn dir ein anderes Geschenk gegen Angst einfällt, ist mir das auch recht. Außerdem wünsche ich mir, dass sich meine Eltern weniger zanken. Das ist eigentlich sogar mein Hauptwunsch. Schaffst du das?

Deine Julia

4. Thomas' Wunsch:

Liebes Christkind,

ich habe einen Doppelwunsch. Hoffentlich ist das nicht zu viel.

Ändere bitte meine Mama, damit sie nicht immer nörgelt, wenn es bei mir im Zimmer unaufgeräumt aussieht. Also bitte nicht vergessen: Mama entnörgeln!

Dann wünsche ich mir einen Lehrer, der als Schüler selber öfter mal was falsch gemacht hat. So ein Lehrer weiß genau, wie man sich dabei fühlt. Und der hilft einem bestimmt.

Solltest du meine Wünsche nicht erfüllen können, schenke mir bitte eine Tarnkappe. Die setze ich dann immer auf, wenn in der Schule oder zu Hause was nicht klappt.

Dein Thomas

Achim Bröger

Weiterführung: Was könnten *wir* uns wünschen?

20. Ein etwas seltsames Weihnachtsevangelium

Hinführung: Der Bericht über die Geburt des göttlichen Kindes ist zweitausend Jahre alt. Ein Vater versucht, seinem kleinen Kind die wunderbare Nachricht zu übersetzen. Er kann anschließend nur noch staunen. *Vorlesedauer: ca. 6 Minuten.*

Ralf Dillinger hatte beschlossen, seinem Sohn Markus die Geschichte von der Geburt des Christkindes im Stall von Bethlehem zu erzählen. Zwar erschien ihm Markus mit seinen vier Jahren noch ein bisschen jung, um das Heilsgeschehen zu begreifen. Aber da der Junge einen ungewöhnlich großen Gefallen an der Weihnachtskrippe gefunden hatte und Stunden davor zubringen konnte, wobei er hin und wieder eine der Figuren in die Hand nahm und eingehend betrachtete, meinte er, es sei vielleicht doch an der Zeit.

»Setz dich zu mir, Markus« sagte er. »Ich will dir eine Geschichte erzählen. Keine aus dem Märchenbuch, sondern eine, die wahr ist. Hör gut zu: Es war zu der Zeit, als Kaiser Augustus…«

»Was ist ein Kaiser, Papi?« unterbrach ihn der Junge.

»Also, ein Kaiser, das ist ein Mann, der ganz viel zu sagen und zu bestimmen hat, über viele Leute, die man Untertanen nennt…«

»So wie der Herr Prattke?« fragte Markus. Herr Prattke war der Chef von Herrn Dillinger, und Ralf erzählte manchmal von ihm, wie er dies und jenes anordnete, das ihm nicht recht passte.

»Na, ja«, sagte Ralf Dillinger lahm. »Ein Kaiser ist schon viel mächtiger als der Herr Prattke.«

»Und du, Papi, bist du ein Untertan?«

»So kann man das nicht sagen«, wehrte der Vater ab und schüttelte sich beim Gedanken an diese Beziehung.

»Also, Kaiser Augustus wollte einmal wissen, wie viele Menschen in seinem Reich lebten, und er beschloss, sie zu zählen. Jeder musste in den Ort gehen, wo er geboren worden war und sich dort melden. Da ging auch ein Ehepaar, die hießen Josef und Maria, in die Stadt Bethlehem, wo Josefs Eltern zu Hause gewesen waren.«

»Maria heißt Frau Klemm, die Mutti manchmal ihre Kleider umändert!«

Der Vater überhörte den Einwurf und wollte weitererzählen, aber Markus fragte plötzlich: »Wann war denn das, das mit dem Kaiser und dem Zählen?«

»Das ist sehr, sehr lange her.«

»Noch bevor Mutti ins Krankenhaus musste?«

»Lange davor. Also weiter. Maria erwartete ein Kind, und der weite Weg nach Bethlehem fiel ihr sehr schwer.«

»Konnten sie denn nicht mit dem Flugzeug fliegen oder mit der Eisenbahn fahren?«

»Flugzeug und Eisenbahn gab es damals nicht. Als sie in Bethlehem angekommen waren, sie waren sehr, sehr müde, suchten sie einen Platz in einer Herberge.«

»Was ist eine Herberge?«

»So etwas wie ein Hotel«, sagte Herr Dillinger und hatte das Gefühl, sich einer unmöglichen Aufgabe unterzogen zu haben. Aber nun hatte er einmal angefangen und musste das auch durchstehen. »Schließlich durften sie in einem Stall übernachten.«

»Was ist ein Stall?«

»So etwas wie eine Garage. Nur sind da keine Autos drin, sondern Tiere, Ochs und Esel.«

»Einen Esel kenne ich vom Tischleindeck dich.«

»In der Nacht wurde das Kind geboren. Es war ein sehr schönes und liebes Kind, das Christkind, das dir alle Weihnachten die schönen Sachen bringt. Es hat alle Menschen lieb: dich, mich und auch die Leute in Afrika und Amerika. Eben alle.«

»Auch die bösen?«

»Ja, auch die bösen. Die besonders, denn es wollte, dass sie wieder gut werden.«

Uff, das wäre geschafft. Herr Dillinger hatte das Gefühl, einen riesigen Stapel Holz gesägt zu haben und verzog sich ins Nebenzimmer, um ein bisschen auszuruhen.

Eine Stunde später öffnete er die Tür zum Kinderzimmer, in dem es ungewöhnlich still war. Da saß Markus, hatte seinen Teddy Brummi auf dem Schoß und sagte: »Brummi, ich muss dir eine wahre Geschichte erzählen, hör gut zu. Bevor Mutti ins Krankenhaus musste, wollte ein Kollege von Herrn Prattke seine Untertanen zählen. Alle mussten dorthin gehen, wo ihr Vater zu Hause gewesen war. Sie gingen zu Fuß, weil kein Flugzeug flog und keine Eisenbahn fuhr, wahrscheinlich war Streik. Auch Josef und Maria, wahrscheinlich Frau Klemm, gingen nach Bettlerheim. Das war schlimm, denn Maria kriegte ein Baby. In Bettlerheim gab es in der ›Traube‹ und im ›Löwen‹ keinen Platz mehr. Da mussten sie in einer Garage übernachten, wo ein Ochs und ein Esel wohnten. In der Nacht wurde das Kind geboren. Es war das Christkind, und es hatte alle Leute lieb. Papi und Mutti, und auch den Herrn Hufnagel, der immer mit mir schimpft, wenn mein Ball in seinen Garten fällt, und der immer die Zweige von unserem Kirschbaum abschneidet, die zu ihm rüberhängen.«

Vater Dillinger, der mit allerlei Skrupel und Bedenken zu kämpfen hatte, als er diese etwa seltsame Weihnachtsgeschichte hörte, wurde es ihm auf einmal froh und leicht ums Herz. Zwar hatte Markus Orte, Zeiten und Namen völlig durcheinander gebracht, aber das, worauf es ankam, die Botschaft, hatte er verstanden.

Aber wie stand es mit ihm, Ralf Dillinger? War es wirklich nötig, dass er und sein Nachbar wegen geringfügiger Lappalien in einer Dauerfehde miteinander lebten? Einer musste einmal den Anfang machen und Frieden schließen.

Ralf Dillinger packte ein wenig von den guten Weihnachtsplätzchen, die seine Frau gebacken hatte, in eine Tüte, band ein Schleifchen darum und holte eine Flasche Wein aus dem Keller. »Komm mit, Markus«, sagte er. »Wir gehen zu Herrn Hufnagel und wünschen ihm frohe Festtage.«

»Hat dir das das Christkind gesagt?« fragte Markus.

»Da hast du Recht«, bekräftige der Vater und läutete ein bisschen zaghaft an der Haustür des Nachbarn, denn aller Anfang ist schwer.

21. Die Apfelsine des Waisenknaben

Hinführung: Früher herrschten in einem Waisenhaus harte Sitten. Ein Junge erfährt aber an Weihnachten echte Kameradschaft.
Vorlesedauer: ca. 3 Minuten.

Schon als kleiner Junge hatte ich meine Eltern verloren und kam mit neun Jahren in ein Waisenhaus in der Nähe von London. Es war mehr als ein Gefängnis. Wir mussten 14 Stunden am Tage arbeiten – im Garten, in der Küche, im Stall, auf dem Felde. Kein Tag brachte eine Abwechslung, und im ganzen Jahr gab es für uns nur einen einzigen Ruhetag: Das war der Weihnachtstag. Dann bekam jeder Junge eine Apfelsine zum Christfest. Das war alles. Keine Süßigkeiten. Kein Spielzeug. Aber auch diese eine Apfelsine bekam nur derjenige, der sich im Laufe des Jahres nichts hatte zuschulden kommen lassen und immer folgsam war. Diese Apfelsine an Weihnachten verkörperte die Sehnsucht eines ganzen Jahres.

So war wieder einmal das Christfest herangekommen. Aber es bedeutete für mein Knabenherz fast das Ende der Welt. Während die anderen Jungen am Waisenhausvater vorbei schritten und jeder seine Apfelsine in Empfang nahm, musste ich in einer Zimmerecke stehen und zusehen. Das war meine Strafe dafür, dass ich eines Tages im Sommer hatte aus dem Waisenhaus weglaufen wollen. Als die Geschenkverteilung vorüber war, durften die anderen Knaben im Hofe spielen. Ich aber musste in den Schlafraum gehen, und dort den ganzen Tag über im Bett liegen bleiben. Ich war tieftraurig und beschämt. Ich weinte und wollte nicht länger leben.

Nach einer Weile hörte ich Schritte im Zimmer. Eine Hand zog die Bettdecke weg, unter die ich mich verkrochen hatte. Ich blickte auf. Ein kleiner Junge namens William stand vor meinem Bett, hatte eine Apfelsine in der rechten Hand und hielt sie mir entgegen. Ich wusste nicht, wie mir geschah. Wo sollte eine überzählige Apfelsine hergekommen sein? Ich sah abwechselnd auf William und auf die Frucht und fühlte dumpf in mir, dass es mit der Apfelsine eine besondere Bewandtnis haben müsse. Auf einmal kam mir zu Bewusstsein, dass die Apfelsine bereits geschält war, und als ich näher hinblickte, wurde mir alles klar, und Tränen kamen in meine Augen. Und als ich die Hand ausstreckte, um die Frucht entgegenzunehmen, da wusste ich, dass ich fest zupacken musste, damit sie nicht auseinander fiel.

Was war geschehen? Zehn Knaben hatten sich im Hof zusammengetan und beschlossen, dass auch ich zu Weihnachten meine Apfelsine haben müsse. So hatte jeder die seine geschält und eine Scheibe abgetrennt, und die zehn abgetrennten Scheiben hatten sie sorgfältig zu einer neuen, schönen und runden Apfelsine zusammengesetzt.

Diese Apfelsine war das schönste Weihnachtsgeschenk in meinem Leben. Sie lehrte mich, wie trostvoll echte Kameradschaft sein kann.

NACH CHARLES DICKENS

22. Vom Zauberer Buffello

Hinführung: Ein begabter Zauberer erhält einen schweren Auftrag, der ihn fast Kopf und Kragen kostet.
Vorlesedauer: ca. 8 Minuten.

Es war einmal, vor langer, langer Zeit, als es noch Prinzessinnen und Drachen gab, ein sehr begabter Zauberer namens Buffello.

Nun hatte unser Zauberer alles erfunden, was es zu erfinden gab: den Stein der Weisen, der Blei in Gold verwandelt. Das Lebenselixier, das einen dreihundert Jahre alt und noch älter werden lässt. Das Auge der Medusa, das Fleisch in Stein verwandelt. Und hundert Liebestränke, tausend Mittel gegen Gicht oder Zahnschmerzen und sonstige Wunder mehr. Sein Ruf hatte sich von einem Ende der Erde zum anderen verbreitet.

Eines Tages ließ der König ihn zu sich rufen. Sofort eilte der Zauberer zum Palast, und dort bat ihn der Herrscher um eine wunderbare Erfindung: den Geist von Weihnachten.

»In dieser Zeit sind alle Menschen besser«, hob der König an. »Die Leute meinen es gut miteinander, es gibt keine Bosheit und Niedertracht. Ich möchte, dass du einen Trank braust, der Weihnachten 365 Tage im Jahr dauern lässt.«

Buffello verneigte sich und kehrte in sein Laboratorium zurück, wo er sich sogleich an die Arbeit machte. Er zog alle seine dicken Bücher der Weißen und der Schwarzen Magie zu Rate, aber schon bald merkte er, dass sie ihm keine Hilfe boten. Da begann er, Kräuter und sonstige Zutaten zu sammeln, eine Frühfeige, gepflückt in einer Vollmondnacht. Eine Alraunwurzel, an einem geraden Freitag aus der Erde gerissen. Der Speichel eines Ochsenfrosches; der Schleim einer weißen Schnecke; und viele andere sonderbare Dinge mehr. All das warf er in einen großen Kessel, ließ es fast einen ganzen Tag lang kochen und probierte dann das Ergebnis an sich selbst aus. Das erste

Mal verwandelte er sich in eine erbsengrüne Fledermaus. Das zweite Mal in einen bengalischen Tiger. Das dritte Mal in einen gelben Zwerg mit einem riesigen Buckel. Er war gezwungen, sofort ein Gegenmittel zu erfinden, um wieder sein normales Aussehen zurückzubekommen, und nach ein paar Versuchen gelang ihm das auch.

Trotz des Misserfolges wollte er sich nicht geschlagen geben. Er braute tausend weitere Tränke und hundert weitere Elixiere, aber keines hatte die gewünschte Wirkung. Einmal gelang es ihm, alle Hühneraugen an seinem rechten Fuß loszuwerden. Ein schöner Erfolg, aber leider nicht das, was der König ihm aufgetragen hatte. Eines Tages, als er noch verzweifelter als sonst inmitten von vielfarbigem Rauch und sprühenden Funken in seinem Laboratorium stand, besuchte ihn sein Enkel Buffetto. Dieser war fast noch ein kleiner Junge, aber er hatte ganz schön was im Kopf und eine sehr flinke Zunge.

»Was machst du denn da, Großvater?« fragte er und schielte in einen Kessel, in dem es unablässig brodelte.

»Lass mich in Ruhe, Buffetto«, antwortete der Zauberer und mischte ein blaues Pulver mit dem Inhalt eines Reagenzglases. »Wenn ich meinen Auftrag nicht erfolgreich ausführe, wird der König sehr zornig werden. Ja, er wird mir vielleicht sogar das Amt des Hofzauberers nehmen.«

Buffetto schaute sich um. Noch nie hatte er so eine Unordnung im Laboratorium gesehen. »Nur Mut, Großvater«, sagte er ermunternd. »Was hat unser Herrscher dir denn aufgetragen?«

»Ich soll den Geist von Weihnachten schaffen«, erwiderte Buffello ungeduldig. »Damit alle Menschen immer gut sind, und nicht nur einen Tag im Jahr.«

Buffetto starrte seinen Großvater an und begann zu lachen.

»Oh, aber das ist unmöglich!«

»Wie, unmöglich?« fragte der Zauberer und leerte den Inhalt eines Destillierkolbens in einen Tiegel. »Für mich gibt es nichts Unmögliches!«

Der Junge lachte immer noch und holte dann Atem. »Und doch ist es so! Das ist unmöglich!«

Buffello sank niedergeschlagen auf einen Stuhl. Vielleicht hatte sein Enkel nicht ganz Unrecht. Seit Tagen widmete er sich jetzt schon seiner Erfindung, aber – abgesehen davon, dass er seine Hühneraugen losgeworden war – hatte er nichts Gutes zustande gebracht.

»Was soll ich nur tun?« gab er sich geschlagen. »Ich kann unmöglich mit leeren Händen vor den König treten! Er würde mich davonjagen! Vielleicht würde er mich sogar in die Verbannung schicken!«

Buffetto schaute sich um und dachte eine Weile nach. »Eine Möglichkeit gäbe es vielleicht.« Er kratzte sich mit der Spitze des Zeigefingers am Kinn.

»Also…«

Am nächsten Tag ging der Zauberer mit einem großen Sack in den Palast. »Willkommen, Buffello«, empfing ihn der König. »Nun, hast du den Geist von Weihnachten finden können?«

»Ja, Majestät. Ich habe ihn hier drin«, erwiderte Buffello.

»Gut, worauf wartest du noch? Zeig ihn uns.«

Buffello nickte, packte den Sack mit beiden Händen, stellte ihn auf den Kopf und heraus kam… nichts! Absolut nichts, nicht einmal ein Zauberkräutlein, ein verhextes Tier oder ein Splitter des Steins der Weisen.

»Und was soll das bedeuten?« fragte der König sogleich mit finsterem Gesicht. Auch der Haushofmeister neben dem Thron hatte die gleiche Miene aufgesetzt. »Hüte dich, wenn du glaubst, dich über mich lustig machen zu können…«

Buffello antwortete mit einem Lächeln. Er hatte die Worte im Kopf, die ihm sein Enkel am Tag zuvor gesagt hatte. »Das ist der Geist von Weihnachten, Majestät. Mit anderen Worten: nichts. Es ist etwas, was man nicht sehen, berühren oder schmecken kann. Es ist etwas, das hier entsteht.« Er tippte mit dem Finger auf seine Brust. »In unserem Herzen. Keine Alchemie kann ein derartiges Wunder schaffen.«

»Aber dann...«, unterbrach ihn der Haushofmeister, »dann zählt das alles nicht: der Schnee, die Misteln, die Geschenke, die Lieder der Kinder...«

»O doch, natürlich zählt das«, antwortete der Zauberer. »Aber nur, wenn man sich hier drinnen glücklich fühlt. Wenn wir das Jahr über nicht gut sind, wenn wir uns schlecht benehmen, dann ändert auch Weihnachten nichts daran. Alles hängt von uns ab; auch unsere Freude. Ein Herz aus Eis wird gewiss nicht im Dezember schmelzen.«

Gedankenverloren schwieg der König eine Weile. »Majestät, dieser Mann hat uns betrogen«, flüsterte der Haushofmeister ihm ins Ohr. »Ich schlage vor, ihn ans Rad zu binden und foltern zu lassen und dann aus Eurem Reich hinauszujagen.«

»Schweig still, du Schlange!« polterte der König. »Ich glaube, du bist derjenige, der ein Herz aus Eis hat.« Er hob sein Zepter und legte es dann auf die Schulter des Zauberers. »Buffello, du hast uns heute eine große Lehre erteilt, das werden wir dir nicht vergessen. Zur Belohnung sollst du tausend Goldtaler und einen funkelnagelneuen Satz Destillierkolben und Reagenzgläser erhalten.«

Buffello lächelte zufrieden, verabschiedete sich vom König und verließ den Palast. In seinem Laboratorium traf er auf Buffetto. »Nun, wie ist es gegangen?« fragte der Junge. Der Zauberer umarmte ihn mit aller Kraft und küsste ihn auf die Stirn. »Der König hat mir sogar eine Belohnung gegeben! Wir werden sie uns natürlich teilen.«

Buffetto schüttelte den Kopf. »Nein, Großvater, behalte alles für dich. Du hast es verdient. Aber vergiss nicht: Ob es den Geist von Weihnachten gibt oder nicht gibt, niemand kann ihn je erfinden. In alle Ewigkeiten nicht.«

Jonathan Snow

23. Tränen unterm Weihnachtsbaum

Hinführung: Lädst du zu deinem Fest auch nur die Freunde ein, die nur die richtigen Klamotten tragen? Wärst du innerlich stark genug, gegen das Diktat der Mode und die Trends in der Klasse anzugehen?
Vorlesedauer: ca. 6 Minuten.

Sternspritzer sprühten, Kerzen flackerten, leise Musik klang auf. Gebannt starrte Bruno auf den reich geschmückten Christbaum, auf die vielen bunten Kugeln, die den Lichtschein reflektierten, und auf die kleinen Schokoladenbrezeln, die von den Ästen herunterhingen.

Im Zimmer war es gemütlich warm. Holzscheite knackten im Ofen, Harzknoten lösten sich puffend im Feuer. Draußen tobte der Sturm, trieb riesige Schneemengen vor sich her und warf sie gegen die Fensterscheiben, in denen sich der beleuchtete Christbaum spiegelte. Richtige Weihnachtsromantik, wo einem warm ums Herz wurde...

Bruno konnte kaum erwarten, bis die Bescherung begann... Der Bub stürzte sich dann voller Freude auf seine Päckchen, die mit buntem Papier umwickelt waren. Ungeduldig zupfte Bruno die Verpackung zur Seite und hielt dann seine Geschenke in der Hand.

Die Eltern beobachteten gespannt die Reaktion ihres Sohnes und wunderten sich dann plötzlich, wieso das freudige Strahlen aus dem Gesicht des Buben verschwunden war.

Bruno wirkte enttäuscht und traurig, seine Bewegungen erfolgten langsam, wie in Zeitlupe.

»Was ist denn los mit dir?« fragte der Vater, während er dabei war, sein eigenes Päckchen zu öffnen. »Du hast dir doch einen Radiorecorder gewünscht, oder nicht?«

Bruno drehte das Gerät verlegen in der Hand. Seine Augen schimmerten feucht. »Schon«, brachte der Bub dann nach einigem Zögern hervor. »Aber das ist ja ein ganz einfacher Apparat mit einem schwachen Lautsprecher. Und außerdem hat er keinen CD-Player dabei…«

Bruno wischte sich verlegen eine Träne aus den Augenwinkeln. »Mein Freund bekommt so eine riesige Soundmaschine, mit CD-Wechsler und abnehmbaren Boxen. Außerdem sind zwei Kassettendecks zum Überspielen dabei…

»Was ist denn das für eine Undankbarkeit?« begehrte der Vater auf und stemmte die Fäuste in die Hüften.

»Beruhige dich doch!« versuchte die Mutter, beschwichtigend einzugreifen und strich Bruno sanft übers Haar, dem jetzt die Tränen so richtig daherschossen. Und an ihren Sohn gewandt, sagte sie tröstend: »Dafür hast du ja noch die vielen anderen Sachen bekommen. Schau, diese schöne Jeans zum Beispiel…«

»Ja, aber das ist keine bekannte Marke, wie ich sie mir gewünscht habe – und wie sie alle meine Freunde tragen«, fügte der Bub mit einem Schluchzer hinzu. »Eine Wrangler, eine Levis oder eine Diesel…«

»Ich hör' wohl nicht recht!« polterte der Vater drauflos. »Sind dir unsere Geschenke also nicht gut genug? Also, ich verstehe das nicht. Zu meiner Zeit war ich froh, wenn ich überhaupt etwas unter dem Christbaum vorfand. Was soll der Unsinn mit diesen Firmennamen? Jeans ist Jeans. Ganz gleich, wie sie heißt! Ich sehe doch nicht ein, wieso ich das Drei- oder Vierfache für so eine idiotische Hose zahlen soll, nur dass irgendein bekannter Name draufsteht. Nein, Bruno, wir haben unser Geld nicht im Lotto gewonnen. Wir verdienen uns jeden einzelnen Euro auf mühsame Art und müssen uns zweimal überlegen, wofür wir ihn wieder ausgeben. Dein Freund hat leicht reden. Sein Vater ist Bankdirektor. Da spielt das Geld keine Rolle. Aber ich bin nur ein einfacher Arbeiter…«

Bruno saß am Boden wie ein Häufchen Elend. Die schöne Weihnachtsstimmung war wie weggeblasen. Tränen kullerten dem Buben über die Wangen, und sein Brustkorb hob und senkte sich unter lautem Schluchzen.

Die Mutter nahm Bruno in die Arme und sprach beruhigend auf ihn ein: »Glaubst du denn wirklich, dass du bei deinen Freunden weniger giltst, wenn du nicht so eine teure Hose und nicht so einen riesigen Rekorder hast?«

Bruno nickte überzeugend. »Die lachen mich doch alle aus…«

»Dann lass sie doch!« fuhr der Vater dazwischen. »Auf solch feine Freunde kannst du leicht verzichten. Entweder sie nehmen dich so an, wie du bist, oder ihre Freundschaft taugt eben nichts. Dann ist es nicht schade um sie…«

»Ich werde mit deinen Freunden reden«, versprach die Mutter, »und ich glaube, dass sie allesamt gescheit genug sind, um unseren Standpunkt zu verstehen. Nicht jeder kann sich alles leisten. Und nur dumme Menschen beurteilen den Wert eines anderen nach dessen Besitz. Es kommt doch auf die wesentlichen Dinge an. Und diese Dinge kann man nirgends kaufen«, erklärte die Mutter mit Nachdruck. »Ein richtiger Freund mag dich nicht deswegen, weil du nach der neuesten Mode gekleidet bist oder eine Super-Stereoanlage besitzt. Nein, Bruno, ein richtiger Freund mag dich, weil er dich von deinem Wesen her nett und sympathisch findet. Und ich weiß, dass zum Beispiel Richard, dein bester Freund, im Grunde genommen genauso denken wird, wenn ich ihn darauf anspreche. Wetten wir?«

Bruno beruhigte sich zusehends. Die tröstenden Worte seiner Mutter wischten die Enttäuschung fort. Und nach kurzer Zeit stahl sich ein leichtes Lächeln auf sein Gesicht.

Ein Weihnachtslied erklang…

Wiederum fauchte eine Windbö ums Haus und wirbelte Schnee in die Höhe. Das Feuer im Ofen flackerte.

Im Zimmer war's gemütlich. Bruno spürte, wie der Weihnachtsfriede wieder langsam in sein Herz zurückkehrte…

Anton Schaller

24. Das verschwundene Jesuskind

Hinführung: Stell dir vor, das Kind aus der Krippe in der Kirche ist plötzlich verschwunden. Was kann es für Gründe geben, es wegzunehmen?
Vorlesedauer ca. 6 Minuten.

Die ganze Gemeinde war stolz auf die Weihnachtskrippe in ihrer Pfarrkirche. Denn alle hatten ihren Anteil zu der kunstvollen Bastelarbeit der Krippe beigetragen. Auch die Bemalung der lebendig wirkenden Figuren von Maria und Josef, der Hirten und Könige, von Öchslein und Eselein und den weißen, wolligen Lämmchen, die sich zwischen den Hirten neugierig hinzudrängten, war Gemeinschaftswerk gewesen. Neben dem Eingang zur Höhle standen ein paar exotische Pflanzen, eine Zwergpalme und ein paar blühende Kakteen. Über der Höhle leuchtete der Stern. Das Innere der Höhle lag im Dunkeln, aber in der Wölbung war eine Öffnung, durch die der helle Glanz des Sterns hereinstrahlte. Er beschien das Jesuskind in der Krippe, es war, als ginge von dem göttlichen Kinde aller Glanz aus, der vom Antlitz seiner Mutter widerstrahlte und der auch all die anderen Figuren hell und leuchtend aus dem geheimnisvollen Dunkel hob.

Das Jesuskind in der Krippe war die Freude aller Kinder. Es lächelte so lieb und hold und streckte seine Händchen aus, als wolle es sagen: »Lasset die Kindlein zu mir kommen« – Und sie kamen nur zu gern.

Niemand hätte sich ein Weihnachtsfest ohne diese Krippe vorstellen können. Fing doch das Weihnachtsfest an, wenn in der Mette um Mitternacht der Stern über der Höhle aufleuchtete und in seinem hellen Licht das Jesuskind in der Krippe plötzlich sichtbar wurde, als sei es eben vom Himmel herabgestiegen.

Und dann geschah das Unfassbare: Als am dritten Tage nach Weihnachten der Pfarrer durch das Kirchenschiff zur Sakristei ging und dabei noch einen Blick auf die Krippe werfen wollte, kam ihm der Küster in heller Verzweiflung entgegen.

»Hochwürden – Hochwürden!« stotterte er heiser vor Aufregung, »das Kind ist weg! Unser Jesuskind – aus der Krippe haben sie es gestohlen!«

Der Pfarrer schüttelte ungläubig den Kopf: »Das gibt es in unserer Gemeinde nicht.«

»Dann muss es jemand aus einer anderen Gemeinde sein, der neidisch auf unsere schöne Krippe war.« Auch das schien dem Pfarrer nicht einzuleuchten. Er entgegnete ruhig und bestimmt: »Wir wollen selber Detektiv spielen. Ich setze mich hier in den Beichtstuhl und ziehe den Vorhang etwas zurück. So kann ich alles übersehen, was bei der Krippe geschieht. Und Sie verstecken sich hinter dem Pfeiler dort.«

Kaum hatte der Küster sein Versteck und der Pfarrer seinen Spähposten bezogen, als die Kirchentür sich öffnete und kurze eilige Schritte von den Steinfliesen widerhallten. »So unbekümmert tritt kein Dieb auf.«, sagte sich der Pfarrer und neigte sich etwas vor, um den Eintretenden besser sehen zu können.

Der Kleine, der da so selbstsicher, ohne nach links und rechts zu sehen, direkt auf die Krippe zulief, war ein etwa fünfjähriger Junge aus dem Dorf. »Wie wird er erschrecken, wenn er die Krippe leer findet?«, dachte der Pfarrer mit Bedauern. Aber was trug er im linken Arm, sorglich mit dem Mäntelchen versteckt? Ob er dem Jesuskind ein Spielzeug bringen wollte? – Schon manchmal hatte der Pfarrer bunte Murmeln und Bälle und Süßigkeiten gefunden, die Buben und Mädchen dem Kind in der Krippe wie einem kleinen Spielkameraden heimlich gebracht hatten. Aber was der Kleine jetzt unter dem Mäntelchen hervorholte, schien ein großes Spielzeug zu sein.

Der Pfarrer vergaß für einen Augenblick seine Rolle als Detektiv und schob den Vorhang zurück, um zu beobachten, wie der Kleine sich verhielt, wenn er die Entdeckung machte, dass das Jesuskind verschwunden war.

Aber von Erschrecken war nichts zu bemerken. Das Kind beugte sich über die leere Krippe und legte mit äußerster Behutsamkeit das

Mitgebrachte hinein. Dann glättete er sorgfältig Stroh und Moos ringsum, und als es dabei zur Seite trat und den Blick auf die Krippe freigab, glaubte der Pfarrer seinen Augen nicht trauen zu dürfen – denn da lag vor ihm lächelnd, mit zärtlich ausgestreckten Händchen: das verschwundene Jesuskind!

Nun wandte sich der Junge zum Weggehen. Aber dann blickte er sich noch einmal um und nickte dem Kind in der Krippe so vertraut und lächelnd zu, wie einem guten Kameraden nach fröhlichem Spiel.

Da stand der Pfarrer vor ihm.

»Wie kommst du zu dem Jesulein?« fragte er maßlos erstaunt.

»Wo hast du es gefunden? Oder wer hat es dir gegeben?«

»Niemand hat es mir gegeben«, sagte der Junge, »ich habe es aus der Krippe genommen.«

»Aber warum denn? Was hast du denn mit dem Jesuskind gemacht?«

Jetzt wurde der Kleine verlegen und blickte scheu vor sich hin.

Dann schaute er den Pfarrer treuherzig an und sagte: »Herr Pfarrer, das war nämlich so: Ich hätte so gern einen schönen Roller gehabt, weil ich doch so gern Roller fahre.«

»Und hast keinen bekommen?« fragte der Pfarrer voll Bedauern.

»Meiner Mutter war er zu teuer«, erklärte der Bub, »und da hab' ich mir vom Christkind einen gewünscht.«

»Und das Christkind hat dir den Roller gebracht?«

»O ja, Herr Pfarrer«, sein Gesichtchen strahlte. »Einen ganz wunderschönen Roller. Und ich bin so glücklich und dem lieben Christkind so dankbar. Ach, Herr Pfarrer, und da hab' ich gedacht, wo doch alle Kinder so gern Roller fahren, würde es dem Christkind auch Freude machen, und weil ich ihm so dankbar bin, wollte ich ihm zeigen, wie schön es sich mit dem Roller fahren lässt...«

»Und da bist du mit dem Jesuskind Roller gefahren?«

»Ja, Herr Pfarrer, jetzt eben in der schönen Mittagssonne. Drei Ehrenrunden hab' ich mit ihm um die Kirche gemacht.«

Catharina Bachem-Tonger

25. Der Tausch

Hinführung: Wer Jesus vertraut und in große Not gerät, fängt an, mit ihm zu verhandeln und dabei alles Mögliche zu versprechen, wenn nur... Darf man das? Nützt das was? Wir hören dazu eine seltsame Geschichte.
Vorlesedauer: ca. 5 Minuten.

Es war zu der Zeit, in der ich noch fest an das Christkind glaubte. Wenn ich in den Tagen des Advents frühmorgens durch die stillen Gassen zur Kirche schritt, dachte ich stets an Weihnachten.

In dem Jahr, von dem ich erzählen will, hatte ich einen großen Wunsch: Ich wollte ein Fahrrad haben, auf dem ich stolz und vergnügt herumfahren konnte. Meine Eltern konnten mir keins kaufen, weil wir zu viele Kinder waren und das Geld nicht reichte. Also sollte das Christkind mir das tolle Geschenk bringen. Es stand ja in seiner Macht, alles zu geben.

Als ich dem Vater einmal meinen glühenden Wunsch mitteilte, versuchte er gleich, mir die Sache auszureden: Ich sei nicht brav genug und das Christkind habe andere Sorgen. Aber mein Vertrauen ins Christkind war nicht zu erschüttern: »Wenn ich ein Rad bekomme«, sagte ich, »werde ich aus lauter Freude und Dankbarkeit ganz brav werden. Glaubst du nicht, dass das Christkind das weiß?« Darauf kratzte sich der Vater etwas verlegen hinter den Ohren und wusste nicht, was er noch erwidern sollte.

Drei Tage vor Weihnachten erkrankte meine Schwester. Sie hatte hohes Fieber, konnte nichts essen und litt große Schmerzen. Mutter hatte rote Augen vom Wachen und all den Tränen. Ich sah, wie der Doktor mit dem Vater leise redete. Da wurde mir plötzlich richtig bange: Wenn nun meine Schwester – sie war ein Jahr jünger als ich – sterben müsste!?

Am Abend vor Heilig Abend flüsterte mir die Mutter zu: »Bete für Marianne, dass sie wieder gesund wird. Wir müssen alle viel beten!« Es freute mich, dass meine Mutter ein so großes Vertrauen in das Christkind hatte, obwohl sie an das Rad nicht glauben wollte. Das Rad? – Das Rad? – Mich durchfuhr plötzlich ein Schrecken. Da lag meine Schwester schwer krank, die Eltern vergingen vor Sorge und ich hatte keinen anderen Wunsch als ein Rad! Um damit vergnügt herumzutollen?

Ich rannte zur Kirche. Ich wollte mit dem Christkind verhandeln und meinen Wunsch umtauschen. Auch wenn es schon sehr spät war, sozusagen am letzten Tag. Aber ich war sicher: Das Christkind konnte auch im letzten Augenblick noch etwas anderes geben! Und so bat ich aus ganzer Seele: »Liebes Christkind! Ich will gerne auf mein Rad verzichten. Mein einziger Wunsch ist, dass meine Schwester wieder gesund wird.«

Am Heiligen Abend stand es um sie ganz kritisch. Wir Kinder verhielten uns sehr still. Am Nachmittag schmückte Vater allein den Christbaum. Die Mutter wich nicht vom Krankenbett. Durch die Vorhänge sah ich das Glitzern des Weihnachtsbaumes. Ich betete noch einmal, das Christkind möge mir kein Rad bringen, sondern meine Schwester wieder gesund machen.

Dann läutete das Glöckchen. Nun musste die Entscheidung kommen. Mein Herz schlug bis zum Hals, als ich ins Zimmer schritt. Und wahrhaftig: unter dem Baum lagen einige kleine Geschenke für mich, aber kein Rad! Mit leuchtenden Augen schaute ich auf meine Geschenke. Da hatte das Christkind doch meine Bitte erfüllt und mit mir getauscht! Wie froh ich war! Mein Vater schaute mich ganz erstaunt an. Er konnte sich nicht erklären, warum ich so glücklich ausschaute.

Als ich um Mitternacht im Bett vom Weihnachtsgeläute wach wurde und der Bläserchor vom Kirchturm »Stille Nacht, heilige Nacht« spielte, da trat die Mutter ins dunkle Zimmer. Tiefbewegt beugte sie sich über mich und sagte: »Der Doktor war gerade hier. Marianne hat es geschafft. Sie wird wieder gesund. Komm, wir wollen dem Christkind danken!«

Ich schlüpfte aus dem Bett und kniete mich nieder. »Ich hab's gewusst, Mutter«, sagte ich. Sie schaute mich groß an. »Wieso?« fragte sie. Ich flüsterte: »Ich hab doch das Rad umgetauscht. Dafür habe ich mir gewünscht, dass sie wieder gesund wird. Und siehst du: Ich habe kein Rad bekommen, aber das Christkind hat Marianne wieder gesund gemacht.« »Ach so«, sagte die Mutter. Dann gab sie mir einen langen Kuss auf die Wange.

Natürlich habe ich eines Tages erfahren, dass die Geschenke nicht vom Christkind, sondern von den Eltern kommen. Zuerst war ich enttäuscht und habe viel darüber nachgedacht. Dann kam ich zu dem Schluss: Die Eltern mögen wohl die äußeren Gaben schenken, aber das Christkind kann doch vieles liebevoll fügen und segnen. Und daran glaube ich heute noch.

P. Franz A. Weiser

26. Der Bumerang

Hinführung: Wegen einer Kleinigkeit, wegen eines Bumerangs, bricht zwischen Nachbarn Krieg aus! Ob es Kindern gelingen kann, Erwachsene zu versöhnen?

Vorlesedauer: ca. 9 Minuten.

Wenn ihr es genau wissen wollt: Der schönste Weihnachtsbaum, den die Familien Keil und Lohse je sahen, war eine kleine, kümmerliche Fichte, über und über mit Rindertalg begossen und noch dazu ohne Spitze.

Diese Fichte stand im Garten der Familie Keil, nahe der Grenze zum Grundstück der Familie Lohse. Eines morgens im Sommer, Keils frühstückten gerade im Garten, geschah ein Unglück. Robert Lohse, der Sohn des Nachbarn, hatte wieder einmal seinen Bumerang ausprobiert, obwohl ihm das streng untersagt war. Das Wurfgeschoss zischte über die Hecke und schlug Keils Fichte die Spitze ab. »Oh weh, unser schönes Futterbäumchen!« klagte die kleine Susanne. Im Winter nämlich übergoss ihr Vater die Fichte mit zerlassenem Rindertalg und Körnern für die Vögel.

Beim Anblick des verstümmelten Bäumchens sprang jetzt Herr Keil so jäh auf, dass der Stuhl nach hinten kippte. Er nahm den Bumerang auf und versuchte, ihn zu zerbrechen, was ihm aber nicht gelang.

Inzwischen hatte sich von der anderen Seite Nachbar Lohse mit rotem Kopf durch die Hecke gezwängt. »Das tut mir aber leid«, rief er schon von weiten. »Die schöne Fichte! Ich werde Ihnen eine neue pflanzen, lieber Herr Keil, sobald… Sobald wie möglich, wollte er sagen. Aber da hatte Herr Keil den Bumerang schon gegen die Treppe gelehnt und trat so lange dagegen, bis das Holz mit einem hässlichen Geräusch nachgab. »Das geht doch wohl zu weit«, rief Herr Lohse zornig. »Dieser Bumerang ist immerhin noch Eigentum meines Sohnes!«

»Nehmen Sie die Spitze meiner Fichte und schnitzen Sie ihm einen neuen«, entgegnete Herr Keil höhnisch. Darauf drehte sich Herr Lohse um und verschwand.

Schon am nächsten Tag war der Durchschlupf in der Hecke mit Stacheldraht verschlossen. Die Familien Keil und Lohse sprachen nicht mehr miteinander und verboten es auch ihren Kindern Susanne und Robert.

Dies also hatte sich im Sommer zugetragen. Der Herbst kam, und die Blätter fielen, die Blumen welkten – was aber blieb, war der Unfrieden zwischen den beiden Familien. Dann rieselte der erste Schnee über das Land und schenkte auch der kleinen, verstümmelten Fichte ein neues Kleid. Aber das machte sie in Herrn Keils Augen keineswegs schöner, im Gegenteil: Wenn er sie so ohne Spitze an der Hecke glitzern sah, wuchs wieder sein Zorn. »Dass du dich ja nicht mit diesem Nachbarlümmel, diesem Robert Sowieso, abgibst, hörst du, Susanne!« ermahnte er bei solch einer Gelegenheit seine Tochter.

Aus dem ersten Schnee wurde eine feste weiße Decke. Und ebenso fest und kalt lag der Zwist über den beiden Familien. »Am liebsten würde ich«, murrte Herr Lohse, »die Hecke abschlagen und eine hohe Mauer ziehen, damit ich diese Keils nicht mehr zu sehen brauche.«

Am Tag vor Heiligabend musste der kleine Robert zum Metzger einkaufen gehen. Früher hatte ihn Susanne auf diesem Weg oft begleitet. Dem Jungen fiel unterwegs ein Nähkästchen ein, das er mit Susannes Hilfe im letzten Advent für seine Mutter gebastelt hatte. Dann sah er im Schaufenster eines Sportgeschäftes zwischen Tannengrün und Kerzen einen Bumerang liegen, einen Bumerang aus dunkelbraunem, fast schwarzem Holz – genau wie seiner.

Robert wurde noch trauriger. Schließlich war er selbst der Anlass zu diesem dummen Streit gewesen. Wenn man ihn doch nur aus der Welt schaffen könnte! Oft schon hatte Robert sich darüber Gedanken gemacht. Beim Metzger musste er lange warten. Vor ihm war eine Reihe Päckchen Rindertalg mit einer aufgedruckten blauen Kuh aufgestellt. Als er sie betrachtete, kam ihm plötzlich eine Idee. – Zwar drückte ihn auf dem Nachhauseweg die Einkaufstasche schwer, trotzdem pfiff er leise vor sich hin. Es klang gar nicht mehr traurig.

Am Nachmittag des Heiligen Abends saß Susanne allein in ihrem Zimmer. Auch sie musste an die Zeit vor einem Jahr denken, als sie noch mit Robert zusammen Geschenke für die Eltern gebastelt hatte. Nun war das aus. Lustlos schaute Susanne hinab in den Garten. Die Strünke des Kohls waren jetzt ganz mit Schnee bedeckt, so hoch lag er. Plötzlich wurde das Mädchen munter, erhob sich und drückte die Nase an die Fensterscheibe. Drunten, von der anderen Seite der Hecke her, stapfte ein Junge durch den Schnee. In der Hand trug er einen dampfenden Eimer. Als er die Hecke erreicht hatte, zog er eine Zange aus der Tasche und begann, den Stacheldraht durchzukneifen. Die Reste warf er in hohem Bogen hinter sich. Dann nahm er den Eimer wieder hoch und stapfte auf die Fichte zu. Er rührte mit einer Schöpfkelle ein paar Mal um, dann goss er behutsam den Eimer über die Zweige aus. Susanne wusste gleich, was Robert über die kleine verstümmelte Fichte goss: Es war Rindertalg, Rindertalg mit Sonnenblumenkernen, Hanfkörnern und Kleie! Sie hatte ja oft mit Robert ihrem Vater zugeschaut, wenn er dies alles für die Vögel zubereitete.

Vor Freude machte das Mädchen ein paar Sprünge durch das Zimmer. Dann legte Susanne den Zeigefinger an die Nase und überlegte. Irgendwo in einem Kästchen hatte sie noch drei Kerzen. Susanne nahm sie und wollte schon hinunter in den Garten, als ihr einfiel, sie brauchte ja noch Halter dazu. Ob sie die Eltern deswegen fragte? Ach, lieber nicht! Lieber ein Stückchen Draht nehmen, mit Draht ging es auch. Susanne stahl sich in die Küche und kramte in der Werkzeuglade. Natürlich: Alles Mögliche war da, nur kein Draht! Sie steckte noch Streichhölzer ein und eilte hinab.

»Schau doch mal, Wilhelm, die kleine Susanne von Keils!« sagte drüben auf der anderen Seite Frau Lohse zu ihrem Mann. Sie standen beide hinter der Gardine und beobachteten das Kind, Susanne wickelte gerade ein Stück des weggeworfenen Stacheldrahtes mit viel Mühe um die Zweige der Fichte. Dann steckte sie ihre Kerzen auf die Stacheln und rückte sie zurecht. Es wehte ein ganz leichter Wind. Susanne verbrauchte viele Streichhölzer, ehe es ihr gelang, die Kerzen zu entflammen. Es sah recht kümmerlich aus, wie die drei Lichter da auf den rostigen Stacheln flackerten. Jeden Augenblick konnten sie wieder verlöschen.

Herr Lohse hinter der Gardine rief seinen Sohn herbei. »Sag mal, Robert«, begann er, »was hast du eigentlich für Auslagen gehabt?«

»Wofür denn?« wunderte der Junge sich.

»Na, für den Rindertalg und das andere Zeug«, sagte der Vater.

»Auslagen?« fragte Robert zurück. »Ich hab' doch nichts ausgelegt, wieso denn? Du hast mir doch gar nicht gesagt, dass ich es kaufen sollte!«

»Richtig!« murmelte Herr Lohse. Und dann knurrte er noch etwas von Erwachsenen, die doch allesamt komische Käuze wären.

Wenig später klingelte er drüben bei Keils zur Bescherung. Herr und Frau Keil hatten ihr Töchterchen in die Mitte genommen und führten es nun zum Weihnachtsbaum. Was würde das Kind zudem neuen Puppenwagen sagen? Und erst zu dem Mini-Elektroherd mit Panoramascheibe?

Sie schauten beide auf Susanne hinab. Was hatte das Kind nur? Es blickte ja an der ganzen Pracht vorbei! Sah es denn nicht den strahlenden Baum, der mit seinen vierundzwanzig Lichtern vom Fußboden bis zur Decke reichte?

Nein, wirklich: Susanne schaute nicht hin. Vielmehr nahm sie ihre Eltern an die Hand und führte sie zum Fenster.

»Ach nee!« sagte Herr Keil beim Anblick der flackernden Lichter auf der kleinen, verstümmelten Fichte. Dann sagte er nichts mehr. Aber als Susanne fragend zu ihm aufschaute, nickte er.

Susanne erreichte die Hecke, als auch Robert von der anderen Seite gerade hindurchschlüpfen wollte. Eine Weile lächelten sie sich verlegen an. »Was machen wir jetzt?« fragte Susanne endlich. »Hier können wir nicht stehen bleiben, sonst werden wir Schneemänner. Komm, wir gehen erst einmal ›rüber‹ zu uns!«

Als Herr Keil die beiden Kinder auf sein Haus zukommen sah, sagte er zu seiner Frau: »Ich werde auf das Ding schreiben: *Nur zum Gebrauch im freien Gelände bestimmt!* Aber ich werde diesem Robert einen neuen Bumerang kaufen, ja, das werde ich.«

Günther Blau

27. Weihnacht auf der Rue Bonaparte

Hinführung: Wer Gott vertraut, glaubt nicht an Zufälle. Es gibt immer wieder Begebenheiten, in denen Gott wie auf krummen Zeilen gerade schreibt.

Vorlesedauer: ca. 6 Minuten.

René, 12 Jahre alt, verdiente sich in einer kleinen französischen Stadt morgens zwischen fünf und sieben Uhr ein Taschengeld: Er fuhr auf einem rot lackierten Fahrrad dem Bäcker Pierrefeu die Brötchen aus.

Dabei begegnete er jedes Mal auf der Rue Bonaparte einem geschlossenen Trupp deutscher Kriegsgefangenen, die tagsüber im Steinbruch Granitwürfel brechen mussten. Wenn der Wind von den Bergen herabstrich, konnte man den hellen Klang der Hämmer hören. Alle trugen graue, zerschlissene Uniformen. Ihre Gesichter waren schmal und blass. Keiner von ihnen hob den Kopf. Die Leute beachteten sie nicht. Man sprach auch nicht von ihnen. Sie waren einfach nicht vorhanden. Es waren ja auch Feinde. Sie waren doch mit daran schuld, dass der älteste Sohn des Bäckers gefallen war, der Friseur nur mehr ein einziges Bein hatte und der Lehrer nur einen Arm.

René hatte sich erst gefürchtet, dann war ihm der Anblick völlig vertraut und schließlich konnte er nichts Arges an ihnen finden. Er spürte sogar den Wunsch, die bekümmerten Gesichter irgendwie aufzuheitern. Sie sahen doch deshalb so elend aus, weil sie Hunger hatten. Und Hunger war etwas Schreckliches, ärger als jede Krankheit. Hunger war nicht zu heilen. Hunger blieb. Gewiss hatten sie seit Monaten kein frisches Gebäck mehr gesehen. Dabei gab es jetzt wieder richtige weiße Semmeln, die man, weil sie rund wie Kugeln waren, Boulettes nannte.

Wie es zu dem merkwürdigen Unfall kam, konnte hinterher niemand mehr genau sagen. Jedenfalls, am Morgen des vierundzwanzigsten Dezembers stürzte René plötzlich kopfüber vom Rad und überschlug sich. Dabei kullerten die dreiundachtzig Semmeln, wie Meister Pierrefeu nachträglich feststellte, über das harte Pflaster. Da lagen die Boulettes und da kamen die Männer. René erinnerte sich noch daran, dass keine Semmel, die auf den Boden gefallen war, noch verkauft werden durfte. Das war Vorschrift. Weshalb hätte er sich noch bücken sollen? Und ehe die beiden Wachsoldaten, die verschlafen hinter dem Zug einher trotteten, sahen, was vorging, waren die Semmeln schon wie Schnee in der Sonne verschwunden.

Sein Fahrrad funktionierte noch, obwohl die Hose zerrissen war und er am rechten Knie blutete. So fuhr René zur Bäckerei zurück und rief in die Backstube hinein: »Ich bin gestürzt, Meister, und die Semmeln …« Der Meister ahnte das Unglück und versetzte ihm eine schallende Ohrfeige. René wartete geduldig; er hatte mindestens drei erwartet. Die Angelegenheit schien aber damit erledigt.

Nicht aber für die übrigen Bewohner des Städtchens! Was in der Rue Bonaparte geschehen war, ging wie ein Lauffeuer durch das ganze Städtchen. Eine Stunde später kam die junge Lehrerin Nanette in den Laden. »Ich habe gehört, Pierrefeu, Sie haben einen Korb Semmeln für die Deutschen gespendet. Das soll Ihnen kein Schaden sein. Hier ist das Geld!«

Ehe der bestürzte Meister die Angelegenheit richtig stellen konnte, hatte sie den Laden schon wieder verlassen. Dann trat der Steuerbeamte Gevrey herein und spähte vorsichtig nach allen Seiten. »Auf ein Wort, Meister«, flüsterte er, »ich habe genau gesehen, was vor meinem Hause geschehen ist und finde es richtig, was Sie dem Jungen aufgetragen haben: denn auf diese Weise kann Sie niemand wegen Verrat verklagen (auf »Kollaboration mit dem Feind« stand Strafe). Es war ein Unfall, nicht mehr und nicht weniger! Sie aber sind dadurch zu Schaden gekommen. So möchte ich denn mein Scherflein beitragen, diesen Schaden zu mindern.«

Der Meister bekam einen roten Kopf und wollte etwas erwidern. Aber da schellte es schon wieder und der Hilfskaplan Dinard stand in der Tür. Er erklärte dem Meister, er habe in der Eile rings um den Pfarrhof eine kleine Sammlung eingeleitet, um den Schaden zu decken, der ihm durch den Unfall seines Brotausträgers entstanden wäre. Es sei vielleicht ein wenig mehr geworden. Aber der Meister werde das Geld schon richtig zu verwenden wissen.

Genug! Jedenfalls hatte der Bäckermeister am Abend dieses denkwürdigen Tages Geld für siebenhundertfünfundneunzig Semmeln in der Lade. Die dreiundachtzig verlorenen weggerechnet, blieben noch siebenhundertzwölf. Was sollte er tun? Er konnte doch nicht diesen Teufelskerl René jeden Morgen in die Rue Bonaparte schicken, um dort mit dem Rad an den Randstein anzufahren und den deutschen Kriegsgefangenen die frischen Bouletten hinzuschütten.

Aber das Geld, das sich bei ihm angesammelt hatte, bedrückte ihn sehr. So ging er denn in die Kaserne und besprach sich mit dem Hauptmann. Der war ein Mann, der das Herz auf dem rechten Platz hatte.

Von diesem Tage an fuhr der kleine René Fontpillard jedes Mal, ehe er die Kundschaft im Städtchen bediente, mit einem Korb voll frischer Semmeln zum Lager der Deutschen hinaus und freute sich über die Maßen, wenn er sah, wie sich die harten, ernsten Gesichter der Männer verklärten; nicht nur, weil sie sich auf die frischen Semmeln freuten; mehr noch, weil sie spürten, welche Wandlung seit dem weihnachtlichen Geschehnis auf der Rue Bonaparte in den Herzen der Menschen vor sich gegangen war.

Karl Springenschmid

27. Weihnacht auf der Rue Bonaparte

28. Mister Santa (Nikolaus – Weihnachtsmann)

Hinführung: Manche Kinder glauben recht lange an den Nikolaus oder den »Santa Claus« wie er in Amerika heißt. Und manchmal arbeiten er wirklich mit dem Rückenwind Gottes.
Vorlesedauer: ca. 9 Minuten.

Diese Geschichte hat John Berry vor einigen Jahren in New York erlebt. Er schreibt sie hier auf, genauso wie sie sich zugetragen hat:

Es war wie verhext. Ich konnte einfach keine Arbeit finden. Von Beruf bin ich Installateur, aber ich hätte auch jede andere Stelle angenommen; als Koch oder Ausfahrer oder sonst was.

Drei Monate war ich schon arbeitslos. Ich wohnte in einer kalten, verwahrlosten Bude. Wenn ich mich aufwärmen wollte, ging ich in eine Kneipe.

Das war Anfang Dezember. Immer um diese Zeit sind die breiten Prachtstraßen von New York mit bunten Lichterketten überspannt, und aus allen Schaufenstern der Innenstadt glänzt ein Weihnachtszauber von Glitzersternen, Elfen, Zwergen und Spielzeugstädten. Auf dem Platz im Rockefeller Center steht der größte Weihnachtsbaum der Welt. Er ist so hoch wie ein Haus mit zehn Stockwerken, und unter diesem riesigen Weihnachtsbaum gibt es in jedem Jahr eine Schlittschuhbahn.

Aber damals interessierte mich das alles nicht. Ich hatte kein Geld, ich war hungrig und durchgefroren, und ich suchte Arbeit. Jeder Job war mir recht.

So kam es, dass ich Weihnachtsmann in einem großen Warenhaus wurde.

Vor Weihnachten hat jedes Kaufhaus seinen eigenen Weihnachtsmann; in Amerika heißt er Santa Claus. Zu dem gehen die Kinder und flüstern ihm zu, was sie sich wünschen. Der Kaufhaus-Santa Claus schreibt ihre Namen und Wünsche auf. Später holen sich die Mütter die Wunschzettel ab. Und weil das von den Kaufhausleuten so praktisch eingerichtet ist, kaufen sie auch gleich alles an Ort und Stelle.

Als Santa Claus also saß ich auf einem Weihnachtsthron in der Spielzeugabteilung. Auf alt und würdig geschminkt, mit angeklebtem weißen Bart, rotem Umhang und roter Zipfelmütze. Meiner Stimme gab ich einen tiefen und vollen Klang.

Vor mir standen die Kinder in einer langen Schlange und warteten, bis sie an der Reihe waren.

Die Kleinen glaubten, ich sei der echte Weihnachtsmann; die Größeren natürlich nicht. Die kamen oft nur, um mich zu ärgern. Sie zerrten an meinem Bart, rissen mir die Mütze herunter und flüsterten mir statt ihrer Weihnachtswünsche Schimpfworte ins Ohr.

Scharen von Kindern kamen jeden Tag. Ich habe längst vergessen, was sie sich alles wünschten und wie sie aussahen – nur Paco habe ich nicht vergessen. Sein braunes Gesicht mit den dunklen Augen sehe ich noch genau vor mir.

Eines Abends stand er da. Nicht gläubig wie die Kleinen, nicht übermütig wie die Größeren. Ganz ernst blickte er mich an. Seine Hände hielt er geballt in den Taschen. Er nannte mir seinen Namen und die Straße, in der er wohnte. Sie lag im Norden der Stadt in einem elenden Viertel, wo nur die ärmsten Farbigen leben.

»Mister Santa«, sagte er mit einer rauen Stimme im holprigen Englisch, »ich brauche Schlittschuh.«

»Schlittschuhe?«, fragte ich.

»Ja, Schlittschuh«, wiederholte er. »Größe 6. Direkt am Stiefel festgemacht, verstehst du?«

Ich antwortete nicht gleich.

Paco senkte den Kopf. »Meine Mutter sagt, sie kann die Schlittschuh nicht kaufen. Aber du, Mister Santa … vielleicht kannst du …«

Die anderen Kinder drängten vor. Sie wollten endlich drankommen und schubsten Paco weg. Er wehrte sich nicht.

Auf dem Nachhauseweg kam ich an der Eisbahn unter dem riesigen Weihnachtsbaum vorbei. Dort sah ich Paco wieder. Seine dunklen Augen folgten den Kurven und Kreisen der Schlittschuhläufer auf dem hell erleuchteten Eis. Die Musik aus dem Lautsprecher dröhnte über den Platz.

Es war kalt, und Paco hatte nur einen dünnen Pullover an. Aber er stand unbeweglich und schaute auf die glitzernde Eisfläche.

Als er zum zweiten Mal ins Warenhaus kam, fragte ich ihn: »Paco, warum brauchst du eigentlich Schlittschuhe?« Es gibt doch viel nützlichere Sachen.«

Da warf er die Arme in die Luft und sagte: »Mister Santa, Schlittschuhlaufen, das ist …« Er suchte nach Worten und sagte dann nur: »Das ist schön.«

Er fuchtelte mit seiner kleinen Faust vor meinem Bart herum. »Ich muss Schlittschuh haben, verstehst du? Ich will Bögen machen auf dem Eis, verstehst du?«

Ich sah, dass der Abteilungsleiter uns beobachtete. Er merkte natürlich, dass Paco allein war, dass niemand etwas für ihn kaufen würde. Und ohne lange zu überlegen, flüsterte ich Paco zu: »Komm morgen wieder, Paco. Morgen ist Heiliger Abend, da ist alles möglich … vielleicht sogar ein Wunder.«

Der Abteilungsleiter trat heran und sagte höflich, aber mit deutlichem Tadel: »Santa Claus, da sind noch andere liebe Kinder, die warten.«

Paco ging ohne ein Wort weg.

Am Vormittag des Heiligen Abend – es war mein letzter Tripp als Santa Claus – kaufte ich ein Paar Schlittschuhe mit Stiefel, Größe 6. Sie kosteten eine Menge Geld. Fast die Hälfte meines Wochenlohns als Weihnachtsmann. Und da fiel mir noch dazu ein, dass es mit den Schlittschuhen nicht genug war, dass Paco auch Eintrittsgeld für die Eisbahn brauchte. Er hatte bestimmt keinen Cent.

Wohl oder übel musste ich ihm noch ein paar Dollar extra in die Stiefel stecken. Ich tat es nicht gern, und ich ärgerte mich dabei über mich selbst. »Total übergeschnappt«, dachte ich. »Die Hälfte eines

Wochenlohnes für einen fremden Jungen! Wohltätigkeitsfimmel, Weihnachtsmann spielen!«

Trotzdem wartete ich ungeduldig auf Paco.

Aber Paco kam nicht.

Die letzten Kinder waren abgezogen. Das Kaufhaus schloss seine Tore.

Ich legte die Santa Claus-Verkleidung ab und zog meine eigene Jacke über. Dann ging ich hinaus auf den Platz mit dem großen Weihnachtsbaum. In der Hand trug ich die Tüte mit den Schlittschuhen.

Von der Eisbahn schallte die Musik herüber. Langsam überquerte ich den Platz. Dann aber begann ich zu laufen, weil ich plötzlich fürchtete, zu spät zu kommen. Ich drängte mich nach vorn an die Eisfläche und suchte die Zuschauerreihen ab … und da entdeckte ich Paco. In seinem dünnen Pullover stand er wieder dort und starrte auf die Schlittschuhläufer. Die Fäuste hielt er vor den Mund gepresst.

»Guten Abend, Paco«, sagte ich.

Paco blickte zu mir auf. Er erkannte mich nicht. »Wer sind Sie, Mister?«

»Ich komme von Santa Claus«, sagte ich. »Ich mache manchmal Besorgungen für ihn. Er hat auf dich gewartet. Warum bist du nicht gekommen?«

Paco schüttelte den Kopf. »Meine Mutter hat gesagt, es gibt keine Wunder. Für uns nicht.«

Da reichte ich ihm die Tüte mit den Schlittschuhen. »Von Santa Claus« sagte ich.

Mit offenem Mund schaute Paco in die Tüte. Es dauerte lange, bis er begriff, dass die Schlittschuhe ihm gehören sollten.

»Von Santa?« fragte er leise. »Wirklich?«

Er deutete mit dem Kopf hinüber zum Kaufhaus. »Wartet er noch?«

»Es ist schon geschlossen«, sagte ich. »Santa Claus ist fort. – Aber wenn du willst, kann ich ihm sagen, dass du dich freust.«

Paco nickte. Er drückte die Schlittschuhe an sich. Und dann lachte er. Seine kleinen weißen Zähne blitzten aus dem dunklen Gesicht. Alles an ihm leuchtete.

»Jetzt probier ich's«, sagte er.

Dann rannte er zur Schlittschuhbahn.

Nach ein paar vorsichtigen Bögen auf dem Eis drehte er sich noch einmal zu mir um. Er wedelte mit den Armen und schrie: »Ich kann's! Sagen Sie's ihm! Sagen Sie Santa Claus, dass ich's kann! Und – fröhliche Weihnachten, Mister!«

»Fröhliche Weihnachten, Paco«, rief ich zurück.

Ich sah ihn davonkurven. Er tauchte unter in der Menge der anderen Schlittschuhläufer.

Tilde Michels

29. Der verlorene Engel

Hinführung: Selbst ein Engel mit gebrochenen Flügeln kann noch ein »verlängerter Arm Gottes« sein. Engel sind ja Boten Gottes. Wir hören, wie das selbst einem Papp-Engel gelingt.

Vorlesedauer: ca. 4 Minuten.

Der Fahrer Leip knöpfte seine Lederjacke zu und sprang von der Laderampe in den Regen. Zwölf mannshohe Dekorationsengel aus Presspappe hätte er abladen müssen, aber es fehlte einer!

»Bringen Sie gefälligst den zwölften Engel her«, schrie der Vertreter des Chefs, ein dürres Männchen im weißen Mantel. »Sie schädigen das Geschäft. Das werden Sie vor dem Chef zu verantworten haben!«

Leip wandte sich ab. Das Geschäft mit Weihnachten hatte er nie gemocht. Ja, es war natürlich alberne Gefühlsduselei gewesen, aber er mochte die einzelnen Engel nicht wie Sträflinge anketten. Jetzt fehlte einer. Unterwegs verloren.

Inzwischen war die Polizei benachrichtigt. Die Firma wollte nicht auch noch einen Prozess wegen Verkehrsgefährdung an den Hals bekommen. Auch das noch: Die Polizei sollte einen verlorenen Engel suchen. Der ungewöhnliche Auftrag ging an die Streifenwagen. »Jawohl, einen Weihnachtsengel suchen, Größe 1,90 m«, wurde den Männern noch einmal bestätigt.

Der Dekorateur, der verständigt wurde, war sauer. Ausgerechnet der größte Engel fehlte, der als Blickfang für das Treppenhaus bestimmt war. Nein, so schnell war er vom Atelier nicht nachzuliefern. Es blieb nur die Hoffnung, dass der Engel in verwendbarem Zustand gefunden würde.

Der Kosmetikvertreter Schrader wusste nichts von einem verlorenen Engel. Er war auf der Heimfahrt und hörte harten Rock, um der gefährlichen Müdigkeit entgegenzuwirken. Plötzlich tauchte im Lichtstrahl seiner Scheinwerfer etwas Weißes auf, das wie ein riesiger, auf der Straße hockender Nachtfalter aussah. Schrader trat auf die Bremse. Der Wagen rutschte links ab, dann ein harter, metallischer Schlag. Die linke Tür ließ sich nicht öffnen. Schrader rutschte benommen auf der Sitzbank nach rechts, öffnete die Tür, sprang aus dem Wagen und – stürzte: Glatteis! Seine Hände fuhren wie über Glas, als er sich emporstemmte. Schließlich fand er den sonderbaren Gegenstand auf der Fahrbahn und hob ihn hoch. Er war verhältnismäßig leicht. Er zog ihn in den Lichtkegel seines Autos: Das war ja ein Engel; ein Engel mit gebrochenen Flügeln!

Schrader, dem der Schreck noch in den Gliedern saß, richtete den Engel auf, bog die Flügel zurecht und setzte den Kopf wieder gerade auf die Schultern. Dann dachte er wieder an das unvermutete Glatteis bei plötzlich aufklarender Nacht. Er beschloss, dem Engel einen besonderen Auftrag zu geben, holte einen Lippenstift aus seinen Warenproben und schrieb damit in großen Buchstaben auf das steife, weiße Gewand: Glatteis! Dann stellte er den Engel so auf, dass er mit seinen ausgebreiteten Armen weithin sichtbar war.

Er besichtigte den Schaden an seinem Auto. Der Blechschaden

war geringfügig; er konnte den Kotflügel mit den Händen vom Reifen abziehen und weiterfahren.

Der zwölfte, der verlorene Engel, erregte einiges Aufsehen. Nicht weniger als neun Kraftfahrer stiegen aus und schrieben dem Engel ein »Danke« aufs Kleid. Die Polizei, die ihn fand, ließ ihn für diese Nacht am Straßenrand. Die Tagespresse brachte ihn im Bild und berichtete vom eigenartigen Vorfall. Und das Warenhaus stellte den mittlerweile einzigartigen Knüller, so wie er war, in all seiner Bemalung auf.

Fahrer Leip bekam keinen Ärger, lehnte aber auch die Flasche Sekt ab, die ihn die Firma für seinen unfreiwilligen Beitrag zur Geschäftshebung überreichen wollte.

Nein, er mochte das Geschäft nicht, das man mit »seinem« Engel machte.

Kilian Mertens

30. Daniel und der Hund des Königs

Hinführung: Hunde **riechen nicht nur besser** als wir Menschen; sie spüren auch, ob ein Mensch sie liebt; ja, ob ein Mensch Gutes oder Böses im Sinn hat. Wir hören von so einem Hund aus vergangener Zeit.
Vorlesedauer: ca. 11 Minuten.

Dieser Tag wird ein Glückstag für Daniel werden. Das spürt der Junge gleich, als er aufwacht. Seine beiden kleinen Hunde liegen im Hof und wärmen sich in der Morgensonne. Mutter steht am Feuer und summt ein Lied vor sich hin. Vater hat versprochen, ein Zicklein zu schlachten. Aber bis zum Abend ist es noch lange hin. An einem langen Glückstag kann vieles geschehen. Zuerst will Daniel sich mit anderen Jungen aus seiner Schule an der großen Straße treffen.

An der großen Straße wird der König Herodes heute in seiner Sänfte vorbei getragen. Daniel soll mit einem Palmwedel winken.

»Lang lebe der König!«, müssen die Jungen schreien, wenn Herodes vorbeikommt. Der Lehrer hat das mit ihnen eingeübt. Jedem Jungen hat er sogar ein kleines Geldstück versprochen, wenn das Hosiannageschrei laut genug ausfällt. Daniel hat gehört, dass der Lehrer diese Jubelpfennige vom Schatzmeister des Königs erhalten hat.

Daniel ist gespannt, wie der große Hund des Herodes aussieht. Die Leute sprechen oft von diesem Hund. Das Tier soll im Festzug dabei sein. Daniel hat Hunde gern.

Als Daniel an der großen Straße ankommt, sind die anderen Jungen bereits da. Aber der Lehrer schimpft nicht. Es ist eben ein Glückstag für Daniel. Er wartete ziemlich lange am Straßenrand. Dann endlich kündigen Trommelwirbel und Trompetenschall den Festzug an.

Prächtig gekleidete Soldaten marschieren vornweg. Es folgen die Priester, die Schriftgelehrten mit ihren spitzen Hüten und die Ratgeber des Königs. Unmittelbar vor der Sänfte trottet der Lieblingshund des Königs Herodes, ein schweres, großes Tier mit einem dunklen Fell und einem wilden Blick. Alle, die den Hund versorgen müssen, knurrt er tief aus der Kehle heraus an, sträubt die Nackenhaare und fletscht die gelblichen Zähne. Gelegentlich beißt er auch zu. Deshalb gehen ihm die Menschen im Palast aus dem Wege.

Der Hund läuft mitten auf der Straße. Er lässt sich von Lärm und Geschrei nicht stören und schaut nicht nach rechts und nicht nach links. Genau an der Stelle, wo Daniel winkt und schreit, bleibt der Hund plötzlich stehen. Der Zug stockt. Der Hund hebt den Kopf, wedelt ein wenig mit dem Schwanz und zerrt so lange an der Leine, bis er dicht vor Daniel steht. Daniel hat keine Angst vor Hunden. Er krault dem Tier das Nackenfell. Als jedoch andere Kinder den Hund streicheln wollen, duckt er sich und knurrt böse. Herodes winkt den Jungen zu sich heran und schenkt ihm eine silberne Münze. »Melde dich morgen bei Sonnenaufgang an der Pforte meines Palastes«, sagt er zu dem Jungen.

»Es ist heute ein Glückstag für dich«, sagt der Lehrer zu Daniel. Aber das weiß Daniel schon lange.

Daniel erscheint am nächsten Morgen pünktlich vor dem Palasttor. Er wird eingelassen.

Von diesem Tag an darf der Junge im Palast arbeiten. Er hat die schmale Nebentür des Thronsaals zu öffnen und zu schließen. Die großen Türen werden von Soldaten bewacht. Lange Männer mit noch längeren Spießen hat der König als Türwächter ausgewählt. Daniel steht an der kleinen Tür. Aber die kleine Tür ist wichtig. Durch diese Tür muss Daniel den Lieblingshund des Königs in den Thronsaal führen. Jedes Mal, wenn König Herodes Gäste empfängt, soll der Hund dabei sein. Er legt sich stets zu Füßen des Jungen auf den Marmorfußboden. Nur von Daniel lässt er sich streicheln. Niemand sonst traut sich an das Tier heran, nicht einmal die Soldaten.

Meist verhält sich der Hund ruhig, wenn die Gäste vorgestellt werden. Aber dann und wann knurrt er und blafft. Daniel hat den Eindruck, dass Herodes zu den Menschen, die der Hund anknurrt, unfreundlich ist und sie nur kurz und ungnädig anhört. Offenbar traut der König seinem Hund eine große Menschenkenntnis zu. Hinter dem Rücken des Königs nennen die Saaldiener den Hund gelegentlich »großer Ratgeber« und lachen hinter der vorgehaltenen Hand.

Eines Tages werden dem König drei Magier aus dem fernen Morgenland gemeldet. Magier sind kluge, weise Männer, die sich mit den Sternen auskennen. Die Prachttür wird geöffnet und die Männer treten in den Saal. Daniel bemerkt auf ihren Mänteln Staub von ihrem langen Weg durch die Wüste.

Der Hund springt auf, jault und winselt freudig und läuft auf die Magier zu. Er schlägt wild mit dem Schwanz und leckt ihnen die Hände. Etwas Ähnliches ist nie zuvor geschehen. Neugierig winkt der König die Weisen zu sich an den Thron. Die Ratgeber des Königs, ja selbst die Saaldiener drängen sich herbei. Sie wollen hören, woher diese Männer kommen und was sie zu berichten haben. Die Magier erzählen von ihrer Wissenschaft. Sie erforschen den Lauf der Sterne und deuten ihre Botschaft.

Schließlich sagt der Älteste der drei, ein großer Neger mit tiefschwarzer Haut: »Wir sind gekommen, um den Messias, den neugeborenen König der Juden zu begrüßen. Wir haben im Morgenland seinen Stern gesehen. Er zog vor uns her und wir folgten seinem Schein. Seit ein paar Tagen aber ist er verschwunden. Da dachten wir uns, wir fragen dich, Herodes: Wo ist der Mächtige, der in diesem Land geboren worden ist?«

Plötzlich herrscht Totenstille im Thronsaal. Es ist, als ob ein großer Schreck alle erstarren lässt. Herodes wird blass. Ein neuer König? Ein König, von dem er nichts weiß? Ist nicht er, Herodes, der König im Judenland? Er ganz allein?

Herodes schickt die Magier aus dem Saal. Kaum haben sie ihn verlassen, da lässt der König die berühmtesten Wissenschaftler und die klügsten Ratgeber zusammenrufen. Diese sagen ihm alles, was sie über das Kommen des neuen Königs herausgefunden haben. Sie wissen, dass die Zeit sich erfüllt hat und dass der Messias in diesen Tagen geboren werden soll. Sie wissen aus den alten, heiligen Schriftrollen, dass er aus dem Stamm Juda kommen wird. Sie wissen, dass er unter den Nachkommen des Königs David zu suchen ist. Sie wissen sogar, dass Bethlehem die Stadt ist, in der der Messias zur Welt kommen soll. Die Männer sind belesene Priester, scharfsinnige Denker, Gelehrte, die das alles wissen. Der Junge staunt über ihre Kenntnisse. Sie wissen so unendlich viel über den, der da kommen soll. Daniel wundert sich, warum sie nicht schnell den Saal verlassen und nach Bethlehem eilen, um den Messias anzubeten. Aber nichts dergleichen scheinen sie vorzuhaben, als der König sie endlich entlässt.

Herodes befiehlt, die drei Magier wieder in den Palast zu holen. Er ist sehr freundlich zu ihnen. Zu freundlich, scheint es dem Jungen. Katzenfreundlich. Er verstellt sich, denkt Daniel. Herodes schickt die drei Weisen nach Bethlehem. Sie sollen dort nach dem Kinde forschen und es ihm melden, wenn sie den Messias gefunden haben. Er, Herodes, will sich dann auch auf den Weg nach Bethlehem machen und dem neuen König huldigen.

Die Weisen bedanken sich und brechen auf. Inzwischen ist es fast dunkel geworden. Herodes lässt die Hauptleute der Palastwache zu sich rufen. Er befiehlt ihnen, die Schwerter zu schärfen, um den zu töten, von dem gesagt wird, dass er der Messias, der neue König der Juden, sein soll. Denn er hat Angst und will selber König bleiben.

Traurig macht sich der Junge auf den Heimweg. »Herodes ist ein böser Mann«, murmelt er. Der Hund, der sonst am Abend immer im Palast bleibt, folgt ihm. Vor dem Tor senkt er die Nase zu Boden, schnüffelt, jault auf und folgt der Spur, die er gefunden hat. Der Junge will ihn zurückhalten, aber der Hund ist stärker als er. Wenn Daniel den Lieblingshund des Königs nicht verlieren will, muss er dem Tier folgen. Bis vor das Stadttor rennt der Hund. Dort hat er die drei Magier eingeholt. Diese schauen zum Himmel und wandern auf Bethlehem zu. Da sieht auch Daniel den strahlend hellen Stern. Er versucht nicht mehr, den Hund zurückzuhalten. Sie laufen bis in die späte Nacht. Am Rande der Stadt Bethlehem bleibt der Stern stehen. Die Weisen finden in einem ärmlichen Stall ein Kind. Vor diesem Kind beugen sie sich nieder, bis ihre Stirnen die Erde berühren. Sie beten das Kind an und übereichen ihm Geschenke. Maria, die Mutter des Kindes, und Josef, ihr Mann, nehmen die Geschenke entgegen: Gold, duftenden Weihrauch und kostbare Myrrhe.

Mit einem Male weiß Daniel, was das alles zu bedeuten hat: Als ein armes Kind ist der Messias auf die Welt gekommen. Da kniet auch der Junge nieder. Selbst der wilde Hund liegt ganz friedlich da, blinzelt aus sanften Augen und schlägt mit dem Schwanz. Der Junge erzählt, was er im Palast gehört hat und was für einen bösen Plan der König ausführen will.

Der lange Arbeitstag und der weite Weg von Jerusalem nach Bethlehem machten Daniel müde. Er lehnt sich an die noch sonnenwarme Steinwand und schläft ein. Als er früh am nächsten Morgen aufwacht, sind die Magier schon weitergezogen. Schnell bricht der Junge auf. Er muss pünktlich im Palast sein, sonst wird Herodes zornig. Er kommt gerade noch rechtzeitig.

Daniel findet die Weisen nicht im Palast. Er freut sich. Sie sind nicht nach Jerusalem zurückgekehrt. Sie ziehen auf einem anderen Weg in ihre Heimat zurück.

Herodes wartet voll Ungeduld drei Tage lang. Einmal hockt er sich finster auf seinen Thronsessel, dann läuft er mit großen Schritten durch den Saal, schreit die Diener an, versinkt wieder in dumpfes Brüten. Angst breitet sich aus. Die Diener wagen nicht, miteinander zu reden und schleichen an den Wänden entlang. Nur der wilde Hund ist wie ausgewechselt. Er springt übermütig umher, neckt die Diener und legt sich dann und wann auf den Rücken und reckt die Beine in die Luft.

»Schafft mir das Vieh für immer aus den Augen!«, schreit Herodes. »Es hat mich getäuscht. Den Jungen, den nehmt gleich mit. Ich will ihn nicht mehr sehen.«

Ein Soldat zerrt Daniel und den Hund in den Hof. Er hebt seine Lanze und will das Tier töten. Doch der Hund drängt sich zutraulich an den Soldaten und versucht, ihm die Hand zu lecken. »Lass ihn leben«, bittet der Junge. Der Soldat zaudert, lässt schließlich die Waffe sinken und sagt: »Gut, er soll leben, der Messiashund. Aber nimm das Biest mit und lass dich nie mehr in der Nähe des Palastes blicken!« Das verspricht Daniel.

Ängstlich hält sich der Junge vom Palast fern. Tage später hört er dann von dem furchtbaren Verbrechen. Herodes hat in Bethlehem und in der ganzen Gegend alle Knaben bis zum Alter von zwei Jahren durch seine Soldaten töten lassen. Als Daniel das erfährt, da schlingt der die Arme fest um den Hals des Hundes.

»Die klugen Schriftgelehrten, all die vielen Ratgeber, ja sogar Herodes, haben doch alles vom Messias gewusst«, flüstert er. »Warum haben sie nicht geglaubt?«

Es dauert Wochen, bis sich in der Stadt die Nachricht herumspricht, dass Jesus, Maria und Josef aus Bethlehem auf einem Esel vor Herodes und seinen Soldaten geflohen sind, geflohen ins ferne Land Ägypten.

Willi Fährmann

31. Der unsichtbare Ring

Hinführung: Wir hören von einem ungewöhnlichen Weihnachtsgeschenk: von einem Ring, der Berge versetzen kann.
Vorlesedauer: ca. 8 Minuten.

Eine Mutter erzählt:

Meine Tochter Angelika ist glücklich verheiratet. Sie lebt in der Großstadt. Mindestens einmal jährlich besucht sie mich. Sie schreibt auch regelmäßig und versucht, mich an ihrem Familienleben teilhaben zu lassen, soweit dies in Briefen möglich ist. Der heutige Brief war die Antwort auf mein Weihnachtspäckchen. Angelika schreibt, wie gut alles geschmeckt hat, und wie sehr sich die kleine Anna über die Puppe und das Kleidchen gefreut hat. Am Ende des Briefes stand: »Als Anna nach Weihnachten mit einer schlimmen Grippe viele Tage im Bett bleiben musste, habe ich ihr meinen unsichtbaren Ring geschenkt. Kannst Du Dich erinnern?«

Ich ließ den Brief sinken. Der Ring – der unsichtbare Ring! Ich erinnerte mich sehr wohl daran. Bilder aus längst vergangenen, angstvollen Tagen stiegen in mir auf.

Damals wurden wir aus der Stadt zu einem Bauern aufs Land evakuiert. Er musste für uns eine seiner Dachkammern freimachen. Mein Mann war seit Monaten verschollen, und ich wohnte und schlief mit Angelika in dieser einen Kammer. Das Dach war nicht sehr dicht und der Wind fegte hindurch. So sehr ich auch versuchte, mit selbst gesammeltem Holz die Kammer warm zubekommen, es war meist vergebens. Weihnachten nahte und außer einem winzig kleinen Tannenbäumchen mit fünf Kerzen konnte ich kein Geschenk für Angelika auftreiben. Zu allem Unglück wurde die Kleine auch noch krank. Sie lag mit hohem Fieber im Bett und wollte nichts essen. Ich war sehr in Sorge.

Die Bäuerin, die selbst sechs Mäuler zu stopfen hatte, war nicht gerade begeistert, wenn ich sie um etwas bat. Nur der Bauer brachte mir ab und zu einen Arm voll dicker Holzscheite herauf, damit wir es warm hatten.

Am Heiligen Abend saß ich mit einer heißen Brotsuppe an Angelikas Bett. Es war alles so trostlos, und am liebsten hätte ich mich in eine Ecke gesetzt und geweint. Damals ahnte ich nicht, wie sehr ein einziger Gedanke ein Leben verändern kann.

Mit einem Mal klopfte es an der Tür, und der Bauer stand im Türrahmen. Er hatte in einem Korb Speck, Eier, ein selbstgebackenes Brot und einige Äpfel mitgebracht. Alle meine gestammelten Dankesworte schob er achtlos beiseite. »Nicht der Rede wert. Wir alle wissen, wie schwer Sie es haben«, sagte er. »Aber mit Gottes Hilfe werden auch wieder bessere Zeiten kommen. Nur fest dran glauben müssen wir.« Dann setzte er sich auf Angelikas Bett und nahm ihre heiße Hand. Sie lag apathisch und ganz still da. »Nun, kleines Fräulein, wie geht es dir? Ich wette, du möchtest schnell wieder gesund werden.« Angelika nickte. »Ich habe dir ein Weihnachtsgeschenk mitgebracht, das dir dabei helfen wird«, sagte er.

»Was ist es?«, fragte Angelika.

»Ah«, lachte er, »jetzt wirst du neugierig, das ist gut. Es ist etwas ganz Besonderes, etwas was man nirgendwo kaufen kann. Das Christkind hat es mir selbst gebracht.«

Angelika hatte leicht den Kopf gehoben und schaute den Bauern interessiert an.

»Es ist ein unsichtbarer Ring«, erklärte er und fasste dabei in die Hosentasche. Dann nahm er ihren Finger und streifte den gedachten Ring vorsichtig drüber.

»Ich kann ihn nicht fühlen.«

»Natürlich nicht, er ist ja unsichtbar«, lächelte der Bauer. »Aber der Ring hat eine Zauberwirkung. Die kannst du ausprobieren. Wenn du dir etwas sehr wünschst, drehst du den unsichtbaren Ring an deinem Finger einmal herum und denkst ganz fest an das, was du dir wünschst, dann geht es in Erfüllung. Nur dumme Wünsche erfüllt der Ring nicht«, fügte er hinzu.

»Was sind dumme Wünsche?« wollte meine Tochter wissen. »Nun, zum Beispiel, wenn du dir einen Sack voll Geld wünschen würdest, oder dass es Schokolade regnet. Das sind dumme Wünsche.«

»Wenn ich mir nun wünsche, dass ich bald wieder gesund werde, ist das ein dummer Wunsch?«

»Aber ganz und gar nicht«, versicherte der Bauer. »Du musst nur fest daran glauben und etwas Geduld haben. Der Ring erfüllt die Wünsche nie sofort, sondern erst ein paar Tage später. Aber dann ganz bestimmt.«

Angelika war immer lebhafter geworden. »Kann ich es mir gleich wünschen?« fragte sie.

»Nur zu, dreh den Ring und wünsch dir ganz fest etwas.«

Angelika kniff die Augen zu, damit sie sich ganz auf ihren Wunsch konzentrieren konnte und drehte den unsichtbaren Ring an ihrem linken Finger. »So«, sagte sie aufatmend, als hätte sie eine schwere Arbeit geleistet, »jetzt werde ich bald gesund.«

»Dann wäre es aber gut, du würdest vorsorglich schon mal etwas essen, damit du nicht so schwach bist, wenn du wieder aufstehen kannst.«

Das leuchtete ihr ein. Sie aß die Brotsuppe ganz auf und danach noch einen Apfel.

»Gut so?« fragte sie lächelnd den Bauern und legte sich dann ziemlich ermattet in die Kissen zurück.

»Prima, ich schicke dir nachher noch ein Glas Milch herauf; das löscht den Durst.« Aufmunternd nickte der Bauer mir zu. »Wird schon werden, Kopf hoch und Gottvertrauen.«

Dann verließ er das Zimmer.

Man sagt, der Glaube versetzt Berge. Angelika war der sichtbare Beweis dafür. Seit sie diesen unsichtbaren Ring am Finger trug, war sie wie umgewandelt. Sie wurde erstaunlich schnell gesund. Aber es gab auch andere Anzeichen einer Veränderung. Plötzlich ging sie ganz aufrecht und gerade, so als wollte sie sagen, ich fürchte mich nicht mehr vor der Welt und dem was kommt. Ich habe ja meinen

Ring vom Christkind. In der Schule wurden ihre Noten zusehends besser. Auch fürchtete sie sich nicht mehr vor den Jungen, die sie manchmal an den Zöpfen zogen. Diese furchtlose Haltung wiederum nötigte den Jungen soviel Respekt ab, dass sie Angelika bald in Ruhe ließen, und noch ein wenig später spielte sie mit ihnen Räuber und Gendarm. Wenn irgendetwas schief ging, lächelte sie nur und sagte. »Keine Angst, das kriege ich schon wieder hin.« Sie war so überzeugt, dass ihr nichts Schlimmes mehr zustoßen konnte.

Etwa sechs Monate später kam mein Mann aus der Gefangenschaft zurück. Wir waren alle drei unbeschreiblich glücklich. Als ich an diesem Abend Angelika ins Bett brachte, lächelte sie selig und sagte: »Der Ring hat geholfen. Das Christkind hat meinen Wunsch erfüllt.«

Jahre später, als sie längst erwachsen war, besaß sie noch immer diese positive Denkweise. Manchmal, in einer schwierigen Situation, zwinkerte sie mir dann zu und sagte: »Im Notfall habe ich immer noch meinen Ring.«

Das alles ging mir durch den Kopf, als ich jetzt Angelikas Brief las. Nun hatte also die kleine Anna den Ring bekommen, und sicher würde er ihr helfen, manche Schwierigkeit zu meistern wie einst ihrer Mutter. Nachdenklich blieb ich noch ein Weilchen sitzen. Wie viel einfacher wäre das Leben für uns Menschen, wenn wir – auch ohne Ring – etwas mehr Glauben und Vertrauen hätten!

Ursula Berg

32. Vom vierten König

Hinführung: In Russland glauben die Menschen an vier heilige Könige, die sich zum Kind unter dem leuchtenden Stern auf den Weg machten. Der vierte König kommt aber erst 33 Jahre später an.
Vorlesedauer: ca. 6 Minuten.

Als Jesus in Bethlehem geboren werden sollte, erschien der Stern, der seine Geburt anzeigte, nicht nur den Weisen im Morgenlande, sondern auch einem König in Russland. Er war kein großer, mächtiger Herr; er war nicht besonders reich oder klug. Er war ein kleiner König mit einem guten Herzen, menschenfreundlich, gutmütig, gesellig und einem Spaß nicht abgeneigt. Dieser kleine König wollte dabei sein, wenn der höchste Herr selber auf die Welt kommen sollte. Er packte die schönsten Sachen ein, die in Russland zu finden waren, um sie dem mächtigsten König zu schenken: zartes Linnen, warme Pelze, Gold und Edelsteine und von seiner Mutter einen Krug mit Honig. Auf der langen Reise nach Süden bedachte er, wie brennend nötig die Welt doch einen neuen König brauchte, der es vermochte, die Verfolgten zu schützen, die Unterdrückten wieder aufzurichten, die Gefangenen zu erlösen, die Kranken zu heilen und die Gerechten zu belohnen.

Als er wohl ein paar Monate unterwegs war, begegnete er drei Herren, die wie er aufgebrochen waren, den neuen König zu suchen. Aber gegen so viel Pracht und Würde, wie da auf den Kamelrücken schaukelte, nahm er sich nur wie ein Strolch aus, und den gebildeten Gesprächen konnte er nicht folgen. So zog er allein weiter. In einer Scheune legte er sich zum Schlaf nieder.

Mitten in der Nacht wurde er von einem schmerzlichen Stöhnen geweckt. Es war eine junge Mutter, die gerade ein Kind geboren hatte. Der kleine König zögerte nicht, holte der jungen Mutter etwas zu essen und zu trinken und schenkte ihr Gold und feines Linnen für das Kind. »Eigentlich sind die Geschenke ja für den neuen König, »doch die Bettlerin hat meine Hilfe jetzt nötig«.

Die junge Mutter sagte: »In meinem Land solltest du König sein. Aber ich gelte ja nichts, und deshalb kann ich dich nur zum König über mein Herz machen.«

»Sieh an«, sagte sich der kleine König glücklich, »vom Gold und Linnen für den großen König habe ich einiges weggegeben. Aber dafür habe ich jetzt in der Fremde ein Herz gefunden.«

Je weiter der kleine König nach Süden zog, desto schlimmer wurden die Armut und das Elend der Leute. Überall gab es Krankheit und Not. Und immer wieder nahm der kleine König Gold aus seinen Taschen, um den Leuten zu helfen. Schließlich besaß er nichts mehr als sein Pferdchen, und auch das starb ihm. So musste der kleine König zu Fuß weiterreisen.

»Was hat alles genutzt?« dachte er traurig. »Nun komme ich doch zu spät zur Geburt des großen Herrschers.«

Wie ein Landstreicher zog er weiter dem Stern nach und kam eines Tages in eine Hafenstadt. Am Ufer herrschten Tumult und Geschrei. Ein Galeerensträfling war auf der Fahrt gestorben; nun sollte sein Sohn an seiner Stelle die Schuld abbüßen. Die Mutter weinte und bat um Gnade. Doch der Schiffsherr kannte kein Erbarmen. »Dann gehe ich statt des Knaben«, sagte der kleine König leise.

Als der kleine König nach dreißig langen und schlimmen Jahren als Galeerensträfling endlich entlassen wurde, war er alt geworden und hatte sogar sein Lächeln verloren. Matt und lebensmüde legte er sich in den Sand am Ufer des Meeres. Am liebsten wäre er für immer eingeschlafen.

Da kam ein reicher Mann auf ihn zu. Der erzählte ihm, dass er seiner Mutter habe versprechen müssen, bis an sein Lebensende jeden entlassenen Sträfling zu versorgen. Von da an erholte sich der kleine König in einer Kammer im Haus des reichen Kaufmanns.

Als er wieder gehen konnte, verabschiedete er sich und zog wieder in die Richtung, in der der Stern vor dreißig Jahren aufgeleuchtet war. Die Straßen waren voll von Leuten, die alle, wie es schien, zu einem Fest in einer großen Stadt unterwegs waren. Der kleine König bemerkte unter ihnen eine alte Bettlerin, die immer mit ihm Schritt hielt. Als er am Abend eine Felsennische zum Schlafen aufsuchen wollte, war auch die Alte dort. Beide begannen in der Dunkelheit, miteinander zu sprechen.

»Auch ein Bettler kann anderen etwas geben«, sagte die Alte, und der kleine König wurde auf einmal ganz wach.

»Was kann ich denn schon geben?« fragte er verwundert.

»Nun, etwas, das der andere vielleicht nötiger braucht als Geld: ein gutes Wort vielleicht oder etwas, das dem anderen hilft. Ich habe einmal alles gegeben, was ich besaß, damals vor dreißig Jahren. Da habe ich einem Menschen mein Herz geschenkt. Noch jetzt bin ich froh darüber«, sagte sie leise. »Nichts geht verloren.«

Der kleine König hatte Tränen in den Augen. Er dachte zurück an jenen Abend in der Scheune. War er nun nicht doch reich, auch ohne Krone und Land?

Als der Tag anbrach, zog er weiter. Das Gedränge auf den Wegen nahm zu; Lärm erfüllte die Straßen; es glich einem großen Aufruhr. Doch worum es ging, das wusste der kleine König nicht. Die Alte erklärte es ihm: »Die Leute wollen einen König sehen. Er ist etwa dreißig Jahre alt. Man will ihn ans Kreuz schlagen. Man will den töten, der sich für die Armen und Schwachen und Unterdrückten eingesetzt hat.«

Dem kleinen König wurde es schwarz vor den Augen. Nun wusste er, wohin er eilen musste. Mitten unter Verbrechern hatte man den großen König ans Kreuz genagelt. Der kleine König keuchte mühsam den Abhang hinauf zum Kreuz. Er wusste mit einem Mal, dass dies der richtige König, der einzige König war.

Als er den Schmerz im Gesicht des Gekreuzigten sah, da war er ganz sicher. Er war also doch nicht zu spät gekommen. »Mein Herz, Herr, mein Herz…«, murmelte er. Dann sank er auf dem Boden zusammen.

NACH EINER RUSSISCHEN LEGENDE

33. Der verlorene König

Hinführung: Wer von euch hat schon einmal beim Sternsingen mitgemacht? – Wir hören von einem verschwundenen König, der ein Krankenhaus zum Stall von Bethlehem machte.
Vorlesedauer: ca. 5 Minuten.

»Es können ruhig fünf Könige sein!«, sagte ich zu den Kindern. Und sie waren begeistert. Denn das war die Idee: Am vierten Advent singen wir im Städtischen Krankenhaus.

Singen wollen ist eine Sache, singen können eine andere. Wir hatten uns für den »Quempas« entschieden, jenes alte Weihnachtslied, das man so gut mit verteilten Rollen singen kann. Ich erklärte den Kindern, dass der Gesang aus dem 14. Jahrhundert stammte, was ihnen großen Eindruck machte. Arno übernahm den Teil, wo es heißt: »Zu dem die Könige kamen geritten, Gold, Weihrauch, Myrrhe brachten sie mitten.« Arno war damals 11 Jahre alt. Er steigerte sich derartig in das Lied hinein, dass ich ihn bei den Proben stets bremsen musste. Maike, Erika, Stephan und Holger waren zurückhaltender. Sie galt es zu motivieren. Nach drei Wochen war ich der Ansicht, dass wir es wagen könnten. Arno sang zwar immer noch »Weinrauch« statt »Weihrauch«, und alle miteinander wurden mit den vielen alten Worten nicht fertig: »ein Wohlgefallen han« oder »das Vieh lasst stahn«. Was die »himmlische Hierarchia« sein sollte, blieb ihnen vollends fremd. Ich war schon froh, dass die Betonung klappte. Außerdem ist die Adventszeit immer viel zu hektisch, und so beschloss ich, den Auftritt zu wagen.

Die Verkleidung wurde kein Problem. Die Gewänder waren bald zusammengestellt, und die glitzernden Kronen saßen prächtig mit Hilfe von Sicherheitsnadeln, Klebeband und Klemmen. Nur Erikas Diadem rutschte fortwährend über die Ohren. Es gab Tränen. Doch immerhin: Die fünf Könige waren gerüstet, und ich hoffte, die Patienten würden ihr »Wohlgefallen han«, wenn sie unsere »himmlische Hierarchia« erblickten.

Die Stadt hatte inzwischen ihr festliches Gewand angelegt. Bunte Lichterketten durchglühten die schneematschigen Straßen, vereinzelt grüßten Tannenbäume in die Menschenmenge, die sich kaufsüchtig durch den Halbnebel schob. O du deutsches Weihnachten! Von Krippe keine Spur, dachte ich, und Arno sang im Fußgängertunnel: »Gold, Weinrauch, Myrrhen brachten sie mitten.« König Holger fiel der Länge nach hin. Ausgerechnet er trug die Tasche mit den Kronen, die plötzlich sehr alt aussahen. Erika begann hemmungslos zu weinen. Ich fühlte mich elend. So viel Kinderkummer auf einmal. Doch es gelang, die fünf Könige wieder in Gang zu bringen, und wenig später standen wir an der Pforte unseres Stalles; denn so hatte ich es den Kindern erklärt: Das Städtische Krankenhaus würde nun unser Stall von Bethlehem sein.

Als wir uns in der großen Eingangshalle befanden, sah ich, dass König Erikas Gesicht seltsam gestreift wirkte; denn sie war der Mohr, dessen schwarzes Gesicht durch die Tränen im Tunnel arg Schaden genommen hatte. Das machte nun nichts mehr. Schnell schlüpften die Kinder in Krone und Gewand, und schon waren wir unterwegs zur Chirurgischen. Das Singen gelang wunderbar, wenn man von Arnos Solo absah und auch davon, dass König Erika den Text vergessen hatte und die drei andern gar nicht erst mitsangen, weil sie wie gebannt auf geschiente Beine sahen. So hielt ich durch, gestützt von meiner Gitarre, die ich mit klammen Fingern bediente. Bei den »Inneren Frauen« allerdings waren wir wirklich ein kleiner Chor, und bei den »Inneren Männern« schwamm ein Hauch von Weihnachtsstimmung durch die Räume. Auf dem Weg zur »Hals-, Nasen- und Ohrenabteilung« sahen wir das Schild »Kindern ist der Zutritt untersagt«. Ich erklärte meinen Königen, dies sei die Kinderstation, und den kleinen Patienten dürften keine ansteckenden Krankheiten hineingetragen werden. Mir fiel einfach keine bessere Erklärung ein.

Bei den Hals-, Nasen- und Ohrenpatienten gelang uns der

»Quempas« besonders gut. Ich atmete auf. Das war also geschafft. Der freundliche nigerianische Assistenzarzt bedankte sich bei den Kindern und sang zu deren großer Freude ein Weihnachtslied in englischer Sprache: »The Virgin Mary had a baby boy ...«

König Erika belohnte ihn dafür mit ihrer Krone. In diesem Augenblick bemerkte ich, dass König Arno fehlte. Mit Rücksicht auf die Patienten riefen wir nur leise nach ihm.

Dr. Tuburu, der Arzt aus Nigeria, schloss sich der Suche an. Arno war nirgends zu sehen, zu hören oder gar zu finden. Ich wurde unruhig. Wir telefonierten mit der Pforte. Nichts. Wir fragten Schwestern, die uns auf den Fluren entgegenkamen. Nichts. Wir suchten natürlich auch die Toiletten ab. Nichts. König Arno war verschwunden. Ich machte mir Vorwürfe. Wildfremde Menschen sprachen wir an, nervöse Krankenhausbesucher. Nichts! So etwas wie Panik kam auf. Wir fuhren mit dem Aufzug hinunter und wieder herauf. Kein König Arno. Inzwischen waren wir eine richtige »Posse« wie man wohl im Wilden Westen eine Suchmannschaft bezeichnet. König Maike hielt krampfhaft meine Hand fest.

Da – wir blieben wie angewurzelt stehen, da hörten wir eine Stimme: »Zu dem die Könige kamen geritten, Gold, Weinrauch, Myrrhen brachten sie mitten!« Das konnte nur König Arno sein. Wir gingen dem Klang nach und gerieten auf diese Weise trotz des Verbotsschildes auf die Kinderstation. Der verlorene König stand mitten in einem Vierbettzimmer, sang aus Leibeskräften, verteilte dabei die Süßigkeiten, die eigentlich für die Sänger gedacht waren, und strahlte. Ich musste schlucken. Da war das Krankenhaus doch tatsächlich zum Stall von Bethlehem geworden.

PETER SPANGENBERG

Weitere geeignete Geschichten:

Die Nummern 4, 6, 9–12, 36, 37, 39–44, 50, 51, 57–59, 62, 64, 75

III. GESCHICHTEN FÜR SCHÜLER/INNEN WEITERFÜHRENDER SCHULEN

34. Der Engel Jadwinia

Hinführung: Sechs Millionen Juden wurden im Holocaust des Zweiten Weltkrieges umgebracht. Wir hören von einem jungen Mädchen, das mit Leib und Seele anders dachte.

Vorlesedauer: ca. 6 Minuten.

Wenn in Dezembernächten der Wind um die Gehöfte weht,
sagen die Alten: Hört, der Engel Jadwinia singt wieder!
Jadwinia ist hier. Sie verlässt uns nicht.

Doch keiner hat sie seitdem gesehen. Jadwinia mit den langen braunen Haaren, die im Sommer barfuss durchs Dorf lief und Lieder sang. Damals.

Nun ist sie der Wind, der Regen vielleicht,
im Wäldchen am Dorfrand wohnt sie, unterm Scheunendach,
im Brunnen, der längst kein Wasser mehr gibt,
in den Feldern, im Weiher, wer weiß das schon genau?

Keiner hat sie gesehen seitdem, sagen die Alten, aber das will nichts heißen. An Jadwinia muss man glauben. Sie ist ein guter Engel.

Seit jenem Weihnachtsmorgen, an dem man sie zuletzt gesehen hat.

Das ist ihre Geschichte:

Weihnachtsmorgen neunzehnhundertneununddreißig, das Katzenkopfpflaster der Dorfstraße zugedeckt mit Schneesamt. Der Wind eisnadelkalt. Das vergisst man nicht, denn Angst lebt lange fort in den Herzen und gräbt sich ein.

Das Dorf wie ausgestorben, aus vielen Schornsteinen stieg kein Rauch auf. Die in den Häusern gewohnt hatten, waren tags zuvor zusammengetrieben worden, in aller Eile. Die Schlitten, mit Habseligkeiten beladen, zogen tiefe Spuren im Schnee.

Niemand wusste, wohin der Weg ging.

Nun, im violetten Frühlicht des Weihnachtsmorgens, kamen sie wieder, die Uniformierten, drangen, von Misstrauen geplagt, in die leerstehenden Häuser und durchsuchten sie.

Hielt sich einer der Gezeichneten etwa noch verborgen?

Hatten sich welche dem Befehl widersetzt?

Hier sollte gründliche Arbeit geleistet werden! Kennen lernen sollte man sie! Man würde schon sehen.

Fluchend und demolierend zogen sie von Haus zu Haus.

Aus den noch bewohnten Häusern begleiteten sie ängstliche Blicke. Aber boten Gardinen einen verlässlichen Schutz?

Gegenüber Jadwinias Haus wohnte die Garfinkel mit ihren drei Kindern, Witwe eines Juden. Wohnte bis gestern dort oder wohnt dort noch immer? Kein Rauch steigt aus dem Schornstein, aber ist das ein sicheres Zeichen in diesen Zeiten?

Kann sein, sie sitzt noch unterm Dach und betet zu ihrem Gott! Kann sein, sie hält sich in der Kammer verborgen und zittert vor Kälte und Angst.

Kann sein, sie hält den Kindern die Hand vor den Mund, ein Laut schon könnte die Feinde ins Versteck locken. Oder sitzt gar im Keller und friert. Kann alles sein.

Nun also die Horde vor der Garfinkel Haus. Am Weihnachtsmorgen neununddreißig, in aller Herrgottsfrühe.

Hatte Jadwinia beobachtet? Stand sie hinter der Gardine und wusste vielleicht, dass die Garfinkel noch im Haus war mit den drei Kindern? Das muss Vermutung bleiben, das kann niemand sagen. Jedenfalls läuft Jadwinia plötzlich auf die Straße, reißt sich vor den Männern die Kleider herunter und steht nackt vor ihnen. Wie ein Engel mit ihren langen Haaren, siebzehnjährig.

Vergessen ist die Judensuche, vergessen der Garfinkel Haus, gierige Blicke, Hände, die sich nach ihr ausstrecken.

Da rennt Jadwinia los, die Dorfstraße hinunter. Der Trupp hinterher:

Dich Vögelchen fangen wir uns, du kommst uns wie gerufen, ein Spaß wird das!

Jadwinia läuft und läuft, die Männer hinter ihr her. Bis keiner sie mehr sehen kann.

Nach einer Stunde kehren sie ins Dorf zurück. Ohne Jadwinia. Und lassen der Garfinkel Haus links liegen.

Kruczkowski, der Schmied, sagt: »Sie hat ihr und den Kindern das Leben gerettet. Sie hat es gewusst, dass die Garfinkel noch im Haus war!« Er sagt es zuerst, und das gilt.

Dagegen muss das Altweibergeschwätz verstummen, es kann sich nicht halten, was die alte Nalkowska zu den Nachbarn trägt und dort hinter vorgehaltener Hand verbreiten will: Jadwinia wäre wirr geworden im Kopf; das käme, weil sie so viel gelesen hat.

Nichts von alledem, sagt abermals Kruczkowski und sagt es überall und sagt es auch der Garfinkel. Und die betet zu ihrem Gott, dass er Jadwinia das ewige Leben schenken möge.

Jahre kamen und gingen seitdem, der Holunder blühte und der Jasmin, über den Gräbern wucherte der Efeu, die Winter brachten Eis und Schnee.

Geschichten verblassen, Ereignisse geraten in Vergessenheit, aber Jadwinia lebt. Von ihr erzählt man sich noch immer in dem kleinen polnischen Dorf,
wenn die Ernte üppig ausfiel,
wenn nach einer Dürre der Regen kam,
wenn das Gewitter übers Dorf zog und kein Blitz einschlug.
Immer ist Jadwinia da, die Böses abwendet und Gutes bringt,

Jadwinia der Engel,
der singt und lacht.
Und das wird wohl auch noch eine Zeit so bleiben.

Fred Reinke

35. Der Engel

Hinführung: Wer ein KZ auch nur am Rande mitgemacht hat, wird es bis in die Träume hinein nie vergessen. Wir hören von einem, der die Vergangenheit aufarbeitet.
Vorlesedauer: ca. 12 Minuten.

Plötzlich ist Matuschek hellwach. Schläfrig hatte er der Weihnachtsbotschaft zugehört, die der junge Pfarrer vorne in der Kirche verlas. Beim Wort »Engel« aber war er zusammengezuckt. Bei dem Engel, der zu den Hirten trat und beides bewirkte: Erschrecken und Freude. Dann hatte er ganz deutlich das Gesicht des Engels gesehen, der ihn, Matuschek, ernst und fragend anblickte. Und ihm so was wie einen Auftrag gab.

Alles Blödsinn: Engel! War er jetzt unter die Betschwestern gegangen? Er lief an den weihnachtlich geschmückten Schaufenstern vorbei, um zu vergessen. Sein Blick wanderte über die Baukästen, Lastautos und auch Puppen. Und dann sah er sie, in hundert Jahren würde er sie nicht vergessen haben; ja das war sie, die Puppe mit den roten Bäckchen, den Schlafaugen und dem naturgetreuen hellblonden Zopf.

Seine Gedanken schweiften ab. Er sah sich im gestreiften Häftlingsanzug, wie er unter dem rohen Gebrüll der Wachmannschaft eine Baracke im Konzentrationslager ausräumte. Ja, es musste ganz schnell gehen. Eine Kommission aus der Schweiz hatte ihren Besuch angekündigt – ausgerechnet am Heiligabend. Sie wollten sich selber davon überzeugen, wie die Kinder untergebracht seien. Der Sturmführer schäumte: Im letzten Augenblick ein Kinderzimmer aus dem Boden stampfen mit Weihnachtsbaum, Lichtern und – na ja, ein Glück, dass man wenigstens Berge von Spielzeug aufbewahrte – neben Kinderschuhen, Frauenhaar und Zahngold.

»Das Beste aussuchen, Matuschek«, schrie der Sturmführer mit der Reitgerte in der Hand. Und da die Kinder von sieben, acht, neun

Jahren mit hängenden Armen und wie bei Greisen eingesunkenen Augen das Spielen nicht gelernt haben, fauchte er zusätzlich: »Dann bring ihnen das Spielen gefälligst bei!«

Besonders das kleine Mädchen Rahel konnte es nicht begreifen. Matuschek drückte ihr eine Puppe in die Hand und zeigte ihr, wie man sie wiegt. Er wendete sich den Kindern zu, die leichter verstanden. Er übte mit ihnen das Spielen ein und dann … kamen Töne aus der Ecke, wo Rahel kauerte: Sie sang ihre Puppe in den Schlaf!!

Die Kommission zeigte sich am Nachmittag sehr beeindruckt von der Kinderstube. Sie reiste früher ab als man erwartet hatte. Gleich darauf taucht der Sturmführer auf: »Matuschek! Nun schleunigst weg mit dem ganzen Mumpitz!«

Matuschek glaubte nicht richtig gehört zu haben: »Es ist doch Heiligabend!«

»Mensch, schmeiß den Kram raus! Oder soll ich dir Beine machen!« Am liebsten hätte ihn Matuschek angespuckt. Trotzdem nahm er den Kindern das Spielzeug aus den Händen.

Der Sturmführer schrie und ließ die Reitgerte durch die Luft wippen: »Schneller! Fort mit euch in eure Baracken! Das Spiel ist aus!«

Sie stürzten wie geprügelte Hunde fort und drängten aus der Baracke. Nur Rahel war noch drin. Sie hatte von dem Kommando nichts gehört; sie spielte mit der Puppe.

»Los, Matuschek!« brüllte der Sturmführer hinter ihm.

»Ich – ich kann nicht!« stöhnte der.

»Mensch, das ist Gehorsamsverweigerung!« Seine Pfeife gellte durch die aufgerissene Tür. Schon waren die Wachen mit Hunden zur Stelle.

»Abführen! Acht Tage verschärften Dunkelarrest!«

Matuschek sah noch, wie der Sturmführer dem Kind die Puppe mit Gewalt entriss. Und er hörte noch einen Schrei voller Verzweiflung.

Auf einmal sah Matuschek neben sich in der Schaufensterscheibe den Engel. Ach ja, der Auftrag! Er betrat das Geschäft: »Zweimal bitte diese Puppe da, ja, genau diese Puppe!« Er ließ sie gesondert einpacken. Er kannte die Adresse. Er hatte sie von einem Ehemaligen erfahren. Er schaute in seinem Notizbuch nach. Da: Dr. Rohkohl, Bismarckstr. 2. Mittlerweile wohlbestallter Baurat, Stadtverordneter; man sagte ihm eine politische Zukunft voraus.

Endlich drückte er den Knopf. Dreimal, ehe eine kleine abgehärmte, nervöse Person mit ausdruckslosen Augen öffnete. Sie musterte ihn mit Unmutsfalte auf der Stirn von oben bis unten:

»Sie wünschen?«

»Ich habe dem Hausherrn etwas zu überbringen!«

»Warten Sie hier.«

Matuschek wickelte die Puppe aus und deckte vorerst das Papier darüber. Die Tür wurde ruckartig aufgestoßen. Dr. Rohkohl im untadeligen Smoking trat ein. »Er ist es«, dachte Matuschek, »trotz der zwanzig Jahre dazwischen ist er es unverkennbar; nur dicker ist er geworden, aber die Augen forschen genau so kalt und lauernd wie damals.«

»Sie wünschen?«

Endlich hatte sich Matuschek gefangen: »Erkennen Sie mich nicht, Herr Sturmführer?« fragte er heiser. Die Vergangenheit hatte ihn eingeholt: Er stand stramm, mit Händen an der Hosennaht und eingeducktem Kopf. Unmerklich war sein Gegenüber zusammengezuckt.

»Nicht Sturmführer – Baurat, mein Lieber!« Eine wohlwollend grinsende Maske forschte mit kalten Augen und erhöhter Wachsamkeit.

»Erkennen Sie mich wirklich nicht? Mein Name ist Ma-tu-scheck«, schrie er plötzlich so laut wie auf dem Appellplatz bei Hitze wie bei Eiseskälte.

»Wenn nicht an mich, so erinnern Sie sich vielleicht an den Heiligabend 1944? Damals kam eine Kommission aus der Schweiz. Die wollten überprüfen, ob die Kinder gut untergebracht seien. Matuschek lachte laut auf: »Aber gut untergebracht waren sie doch nur in der Gaskammer, nicht wahr, Herr Sturmführer?! Es war eine rührende Bescherung durch die SS – o Tannenbaum, o Tannenbaum, haha!«

Baurat Dr. Rohkohl erinnerte sich jetzt. Matuschek fuhr fort: »Und dann weigerte ich mich, einem kleinen Mädchen danach die Puppe aus den Armen zu reißen; weil ich spürte, ich reiße ihr das Herz aus dem Leib. Erinnern Sie sich?: Da haben sie mich in verschärftem Dunkelarrest beinahe krepieren lassen, Herr Baurat!«

Matuschek riss mit einem wilden Griff das Papier weg. »Ich hörte heute einen inneren Befehl, dass ich Ihnen diese Puppe bringen soll! Denn der Engel zu Weihnachten brachte nicht nur Freude, auch Schrecken!« Rohkohl war stumm in den Sessel gesunken; er hielt die Puppe mechanisch in der Hand. Er brütete ins Leere. Er wirkte plötzlich leichenfahl und aufgedunsen.

Matuschek verließ leise das Zimmer. Es war kein Triumph in ihm oder Befriedigung. Nur das ruhige Wissen eines Boten, der seinen Auftrag erfüllt hat.

Dann stand er auf der Straße. Da war ja *noch* ein Auftrag! Die Adresse stand ebenfalls in seinem schäbigen Notizbuch: Rahel, das Kind; inzwischen eine junge Frau. Ganz zufällig hatte er sie einmal wieder getroffen. Er hatte sie an ihren Augen erkannt – sie sahen aus wie Vögel, die man aus dem Nest geworfen hatte; ja so ungefähr. Sie wollte heiraten und er hatte ihr Glück gewünscht.

Er traf sie vor ihrer Wohnung an einer dunklen Gartenmauer. Aber er war sich nicht sicher. Er packte sie am Handgelenk und zerrte sie ins Licht. »Rahel –! Du wirst es nicht glauben, aber ich wollte zu dir!«

Rahel ging gleichgültig weiter.

»Hast du beim letzten Mal nicht gesagt«, stotterte er, »dass ihr heiraten wolltet?«

»Er hat mich sitzen gelassen.«

»Und das Kind? Wenn ich nicht irre, gingst du doch schon mit einem Kind von ihm – oder?«

»Frühgeburt! Von den Aufregungen«, sagte sie hart und fügte leise hinzu: »Vielleicht auch gewisse Erlebnisse im Lager, so meinte der Arzt.«

Matuschek ging eine Zeitlang neben ihr. Sie führte ihn zu ihrer Wohnung. Kalt und unpersönlich standen die neu gekauften Möbel herum. Aber es war wenigstens warm hier.

Dann saßen sich beiden am Küchentisch gegenüber. Matuschek bemerkte jetzt ihr unbeholfen geschminktes Gesicht, dazu ihr gewagtes Kleid: »Verdammt noch mal!« stieß er zwischen den Zähnen hervor, »man könnte glauben, du – du gehst auf den Strich! Hast du's nötig, dich so aufzuführen?«

Rahel errötete. Sie zuckte zurück, als habe er ihr ins Gesicht geschlagen. Sie lachte bitter: »Wenn ich es doch könnte. Ein paar Mal habe ich's schon versucht. Aber sie laden mich bestenfalls zu einem Glas Bier ein. Dann schicken sie mich wieder fort. Sagen: Du kannst nicht lachen, du! Du bist uns zu ernst. Wenn man dich küssen will, schmeckt dein Kuss bitter wie Myrrhe. – Ist uns wohl zuviel Asche von den Öfen auf die Lippen geweht. Ach, Matuschek, wo ist schon einer, der mich lieben könnte?« Sie zog den Zigarettenrauch gierig in sich hinein. Ihre Hand zitterte, als sie erregt fortfuhr: »Bedenke doch, sie haben uns die Eltern ermordet. Sie haben uns unsere Kindheit gestohlen, unsere Jugend. Nun möchten wir erst noch leben, bevor wir wieder zu den Toten geworfen werden. Ja, wenn ich das Kind – wenn ich das Kind noch gehabt hätte …«

Matuschek schob ihr verlegen die eingewickelte Puppe über den Tisch zu. »Ich habe dir etwas mitgebracht«, sagte er rau.

Sie wickelte das Papier ab und hielt die Puppe mit steifen Armen vor sich. Dann schwand die schmerzliche Starre aus ihrem maskenhaften Gesicht. Langsam zog sie die Puppe näher zu sich heran.

Ihre Finger klammerten sie so fest, dass das Weiße der Knöchel grell hervorsprang. Plötzlich stand sie auf, lief in ihr Zimmer und warf die Tür hinter sich zu.

»Eine schöne Weihnacht«, brummte Matuschek kopfschüttelnd. Er hustete den Zigarettenrauch in die Luft.

»Danke, lieber Engel, für solche Aufträge an Heiligabend«, meinte er ironisch.

Plötzlich war sie wieder da. Sie hatte das durchsichtige Kleid gegen ein schlichtes getauscht und sich die Lüge vom Gesicht gewaschen.

»Danke«, flüsterte sie, »es ist nicht die Puppe. Es ist viel mehr, dass du da bist, Matuschek – und dass du dich zwischen mich und das Grausame in der Welt gestellt hast. Wie schon einmal.«

NACH KARL HÜLLWECK

36. Hol doch deinen Bruder an den Tisch!

Hinführung: Unter welchem Druck alle Beteiligten standen, die im Zweiten Weltkrieg den Holocaust des jüdischen Volkes erlebten, können wir uns kaum noch vorstellen. Aber wir dürfen nicht vergessen.

Vorlesedauer: ca. 6 Minuten.

Der Winter kam damals schnell und mit großer Härte. Über uns zogen neue Mieter mit dem fremdländischen Namen »Andreolis« ein. Der blasse, dunkelhaarige Junge war dreizehn. Sie hatten sogar ein Sofa. Darauf schlief er.

Das Haus stöhnte nachts vor Kälte. Die Stuben ohne Wärme strömten ihre eisige Luft durch das Gebirge der Stockwerke und erdrückten das bisschen Glut in den Öfen. Der Frost hockte auf den Treppen und sprengte die Wasserleitungen.

Wir warteten damals nicht auf Weihnachten. Vater wollte auch keinen Baum sehen, er konnte ja nur seine leeren Hände als Geschenk auf den Tisch legen. Aber Mutter sagte, einen kleinen Baum müssten wir haben, und ich holte einen in der Dämmerung, draußen im Stadtpark.

Wir waren gerade dabei, den kleinen Baum zu schmücken, da hörten wir Stimmen im Haus. »Die Polizei, Vater«, flüsterte ich. Mein Herz verkroch sich.

»Nicht zu uns, mein Junge«, sagte der Vater. »Ich habe es ja kommen sehen, da oben stimmt was nicht.« Wir lauschten. Das ganze Haus war zum Ohr geworden, und es war gierig nach oben gereckt, um alles zu hören. Über uns sprachen Stimmen gegeneinander; die ruhigen Stimmen der Polizisten; die schnelle, heftige Stimme Andreolis; dazwischen das hohe, spöttische Lachen der Frau. Dann wurde es still. Die Schritte der Polizei kamen wieder herab und umschlossen die Schritte Andreolis' und seiner Frau. »Man hat sie geholt«, flüsterte ich. »Was haben sie denn getan?« – »Ich weiß nicht«, sagte mein Vater. »Wer weiß, was sie getan haben. Es ist ein Elend in der Welt. Mein Junge«, sagte er, »es ist genug da, von allem, genug in der Welt. Aber es ist nicht richtig verteilt.«

Was ging es uns an! Wir hießen nicht Andreolis, wir hatten nicht gestohlen oder uns an einer dunklen Geschichte beteiligt. Wir waren arm und ehrlich.

Dann kam meine Mutter mit den schönen Geschenken, und mehr als ein paar Worte redeten wir nicht von dieser Sache. Wir wollten den Heiligen Abend feiern, einmal wollten wir die Armut vergessen. Wir hatten einen Baum. Ein paar kleine Kerzen brannten. Die Mutter legte alle Sachen, die sie geschenkt bekommen hatte, unter den Baum auf den Tisch; und ich holte aus meinem Versteck die fünf Zigarren für den Vater und das kleine Wandbrett für die Mutter hervor. Ich bekam etwas Wunderbares. Meine Mutter hatte bei den Leuten, bei denen sie wusch, ein paar alte Schlittschuhe geschenkt bekommen.

Wir setzten uns an den Tisch und aßen. Plötzlich sagte meine Mutter: »Ist der Junge oben auch geholt worden?« – »Nein«, sagte mein Vater. »Nur die beiden, der Mann und die Frau.«

»Dann ist der Junge allein. Ist er oben?« Wir wussten es nicht. Wir hatten nichts gehört; über uns war es still.

»Geh hinauf«, sagte meine Mutter zu mir, »und sieh nach, ob er da ist, und bring ihn herunter. Er soll mitessen.« Meine Mutter sah den Vater an. »Es schmeckt mir nicht, Vater«, sagte sie. »Nein, hole ihn.«

Ich stand auf und tastete mich durch die kalte Finsternis die

Treppe empor. Die Kälte hatte wie ein Hund in den Ecken gelegen und fiel mich an. Ich sah durch das Schlüsselloch einen schwachen Schein fließen, und ich beugte mich nieder, um hindurchzublicken.

Damals habe ich etwas gesehen und es nie mehr vergessen. Zum ersten Male sah ich, wie es ist, wenn einer allein ist; so allein, dass es außer ihm selbst auf der ganzen Welt nichts gibt als Finsternis und Kälte. Ich sah eine Kerze, die auf dem Tische stand; in ihrem Schein, der sich kaum bewegte, das Gesicht des Jungen. Er starrte in das Licht, reglos; er hatte den Kopf in die Hände gestützt. Er war allein. Das habe ich begriffen. Allein in der Welt voller Menschen.

Ich klopfte an die Tür und trat ein. Ich blieb an der Tür stehen. Er sah mich an, ohne aufzustehen. »Nino«, sagte ich, »du möchtest zu uns kommen und mitessen.« Er sah mich, und sein Gesicht war blass. Und dann fiel sein Kopf mit dem dunkeln Haar, als wäre er von einer schrecklichen Hand abgeschlagen worden, auf seinen linken Arm. »Komm mit hinunter«, sagte ich, »meine Mutter schickt mich. Wir essen gerade.« Er rührte sich aber nicht.

Zögernd ging ich hinaus, stolperte durch die Finsternis hinaus und machte unsere Türe auf. Wunderbar schwebte mir die Wärme entgegen. Sie umarmte mich, sie liebkoste mein Gesicht. »Er kommt nicht, Mutter«, sagte ich. »Er sitzt am Tisch und sagt nichts.«

»Ich hole ihn«, sagte meine Mutter, »er kann nicht allein da oben bleiben und wir lassen es uns gut sein.« Sie stand auf und ging hinaus; und wir saßen still am Tisch und warteten.

Wir haben nicht gehört, was meine Mutter bei dem kleinen Andreolis gesprochen hat. Nach einer Weile aber ist die Tür aufgegangen, und aus der Finsternis trat sie mit dem Jungen herein. Sie hatte ihren Arm um seine Schulter gelegt und führte ihn an unseren Tisch.

»Setz dich, mein Junge«, sagte mein Vater, »und iss mit uns.« Er saß bei uns und aß unsere Suppe, und meine Mutter füllte auch ihm den Teller mit Kartoffeln und Fleisch. Wir sprachen nicht von seinem Vater und seiner Mutter. Meine Eltern fragten ihn, wo sie gewohnt hätten und so etwas, und er antwortete.

»Du musst heute hier unten bleiben«, sagte meine Mutter, und zu mir: »Ihr könnt zusammen schlafen.« Wir tranken zusammen den Kaffee, der heute ein wenig schwärzer war, und meine Mutter tat für jeden einen kleinen Löffel voll Zucker hinein. Wir saßen vor dem Gebäck, und ich spielte auf meiner Mundharmonika die alten Lieder.

»Vielleicht kann Nino auch spielen«, sagte meine Mutter, und ich klopfte die Harmonika auf den Knien ab und gab sie ihm. Er sah mich an und lächelte. Es war ein zartes, ein bisschen schüchternes Lächeln, das in seinem Gesicht erschien. Er hob die Harmonika an den Mund und spielte, zuerst zaghaft und dann wunderbar voll, und dabei sah er zu Boden. »Er spielt gut«, sagte mein Vater. »Gut, Nino«, bemerkte anerkennend die Mutter. »Ja«, gestand ich, »er spielt viel besser als ich.«

Dank, Dank! spielte er. Ich bin nicht allein! Nicht mehr allein. Habt Dank!

Walter Bauer

37. Ibrahim und die Tellermine

Hinführung: Am Hirtenfeld von Bethlehem, wo einmal der Welt der Frieden verkündet wurde, herrscht heute Krieg und Terror. Wir hören von einem Hirten, der das schon vor 20 Jahren zu spüren bekam.
Vorlesedauer: 6 Minuten.

Ibrahim hatte im Vorzimmer einige Zeit warten müssen und weiß dann gar nicht, wie ihm geschieht. Die Tränen stürzen ihm in innerer Aufwallung über die Wangen. Er wischt sie mit dem einen verbliebenen Arm ab und geniert sich dabei. Sie haben ihn angenommen! Er kann es noch gar nicht fassen! In einer Zeit, in der alle auf Arbeit hoffen und viele vergeblich warten, haben sie ihn im Heim der christlichen Armendiakonie in Bethlehem angenommen. Der Diakon hat Ibrahim, dem Muslim, der noch vor wenigen Wochen, nach der Explosion, mit dem Tode rang, versprochen, dass er eine Armprothese bekommt und in der Schreinerwerkstatt eine Ausbildung machen kann. Nun sind sie zu Hause vielleicht doch glücklich, die verhärmte Mutter, der schwerkranke Vater und die sieben jüngeren Geschwister, von denen freilich eines Ibrahims Stelle als Hirtenjunge der großen Herde des Patrons übernehmen muss, damit der geringe Verdienst der Familie erhalten bleibt.

Ibrahim wischt sich noch einmal mit dem Jackenärmel über das Gesicht und denkt zurück an das, was ihm vor wenigen Wochen passierte, an einem Dienstag, den Ibrahim und seine Hirten-Kameraden nie wieder vergessen werden. Ibrahim ist erst vorgestern aus dem Krankenhaus entlassen worden. Ein Armstumpf ist dort amputiert worden und das zerstörte rechte Auge wurde als unbrauchbar bezeichnet. Daran haben auch beide Augen-Operationen nichts ändern können.

Die ganze Geschichte begann ausgerechnet auf dem Hirtenfeld bei Bethlehem, das nach christlicher Tradition in der Weihnachtsgeschichte eine so große Rolle spielte. Aber Ibrahim war kein Christ. Er war Muslim und Hirtenjunge, fünfzehn Jahr alt, der einzige in der Familie, der eine Arbeitsstelle hatte. Ihn interessierte die Tradition des Hirtenfeldes von Bethlehem wenig. Er musste sehen, dass ihm kein Tier der Schafherde krank wurde oder verloren ging. Sonst könnte Entlassung die Folge sein. Der Patron war streng und geldgierig.

Ibrahim dachte daran, dass das Hirtenfeld versteppt war. Die Felder am Rande waren abgeerntet. Die Sonne des heißen Sommers brannte unerbittlich und stand grell über dem Hirtenfeld. Die Grillen stimmten mittags jene singende, ohrenbetäubende Geräuschkulisse an, die jeder zwischen Bethlehem und der Wüste, zwischen Steppe, Hirtenfeld und den kahlen Bergen kannte. Ibrahim war ins Dösen gekommen, wachte aber vom Bellen des Hundes auf: er war in der sengenden Hitze eingenickt.

Am frühen Abend fehlte ein Tier der Herde. Es musste sich verlaufen haben. Ibrahim sagte den Hirtenkollegen Bescheid und machte sich auf die Suche, bevor die Sonne dämmerungslos unterging. Er suchte hinter jedem Steinhaufen, in jeder Talvertiefung, stieg den Felsen hinauf und warf Steine in jede der vielen Höhlen. Doch das verlorene Schaf blieb verschwunden. Vielleicht hatte einer der durchziehenden Beduinen es mitgenommen, als Ibrahim eingenickt war? Er machte sich große Vorwürfe. Der Patron würde toben.

Auf dem Rückweg zu den Hirtenkameraden verfing sich Ibrahim in einer Metallschlinge. Und dann hörte er nur noch den Detonationsknall, der sein Trommelfell beben ließ, und spürte den stechenden Schmerz an Arm und Kopf, bevor er die Besinnung verlor. Erst im Krankenhaus, wo ihn die Hirtenkameraden hingebracht hatten, kam Ibrahim wieder zu sich und lag kurz danach auf dem Operationstisch. Die Tellermine am Rande des Hirtenfeldes, die ein Produkt des Hasses und Terrors im Lande war, hatte Ibrahim den Arm weggefetzt und das rechte Auge zerstört.

Die Wochen im Krankenhaus hatte er gegrübelt: Ausgerechnet beim Hirtenfeld von Bethlehem war es passiert! Die Mine musste jahrelang dort zwischen Steinen und Sand gelegen haben, bis ausgerechnet Ibrahim mit der Drahtschlinge den Zünder auslöste und die Mine hochgehen ließ, Ibrahim hatte Tage und Nächte im Krankenhaus sinniert: Ein Hirtenjunge mit einem Arm war nicht tauglich für die harte Arbeit des Hirtenlebens. Mit einem Arm und einem Auge würde der Patron ihn auf die Straße setzen. Wer sollte dann die Familie mit dem kranken Vater, der Mutter und den jüngeren Geschwistern ernähren? Ibrahim geriet in Depression…

Dann kam der Tag der Entlassung.

Und nun hatten sie ihn tatsächlich im christlichen Haus der Armendiakonie in Bethlehem aufgenommen und sicherten ihm eine Prothese und eine richtige Berufsausbildung zu! Ibrahim konnte es noch nicht fassen. Er war vor übergroßem Glück ganz verwirrt. Und es kam ihm vor, als sei für ihn mitten im heißen Spätsommer in Bethlehem, wo so viele Pilger aus aller Welt Station machten, und wo beim Hirtenfeld Tellerminen versteckt waren, so etwas wie das geworden, was die Christen Weihnachten nannten, das Fest der Wunscherfüllung, das sie als Fest der Liebe bezeichneten. Aber Weihnachten mitten im heißen Spätsommer, so etwas gibt es doch gar nicht. Ibrahim war vor Freude und Glück richtig durcheinander.

HELMUT LUDWIG

38. Krippenspiel: Jesus im ›Maritim‹ geboren

Hinweis: Hervorragend zum Vorlesen in einer Schulklasse geeignet.
Hinführung: Und wenn Jesus ein Mädchen gewesen wäre? Oder in einem noblen Hotel zur Welt gekommen wäre? Spielen wir den Gedanken einmal durch!
Vorlesedauer: ca. 11 Minuten.

Personen:
M = MARIA, J = JOSEF, P = PORTIER, MA = MANAGER, R = REGISSEUR, HI = HIRTE, K = DREIKÖNIGE, L = LAHMER, D = DIENER, W = WACHE, B = BÜRGERMEISTER, H = HERODES, KI = KINDER.

J: Maria, bald sind wir da. Das sind die ersten Häuser von Bethlehem.

M: O Josef, es ist auch höchste Zeit. Ich glaube, das Kind wird in den nächsten Stunden kommen. Der Weg war doch sehr beschwerlich.

J: Siehst du, da vorne liegt schon das erste Hotel. Es ist zwar ein besonders vornehmes, aber ich werde trotzdem fragen. Ich glaube, für diese Nacht brauchen wir eine gute Unterkunft.
(klopft beim Maritim)

P: (*öffnet die Tür*) Sie brauchen gar nichts zu sagen! Wir sind belegt. Kein Bett mehr frei! Zu der großen Volkszählung sind eben so viele Menschen unterwegs!

J: Das will ich gerne glauben, guter Mann! Aber wir benötigen wirklich dringend ein Zimmer. Meine Frau ist nämlich schwanger und das Kind wird wohl noch diese Nacht kommen.

P: Das ist natürlich ein besonderer Fall! Trotzdem kann ich da nichts machen.

M: Ich bitte Sie herzlich – haben Sie Erbarmen! Mein Kind ist nicht irgendeins – es wird das Kind Gottes sein.

P: Oh, oh, oh, das ist natürlich schon etwas komplizierter! Warten Sie, ich hole den Hotelmanager. (*geht ins Haus, kommt mit Manager zurück*)

MA: So, so, Sie werden Gottes Kind auf diese Welt bringen? Das wäre natürlich eine Ehre für uns, wenn es im ›Maritim Bethlehem‹ zur Welt käme. Lassen Sie mich überlegen … Ich glaube Ihnen. Warten Sie, ich versuche mein Möglichstes. (*verschwindet im Haus und kommt zurück*)

MA: Stellen Sie sich vor: Meine vornehmsten Gäste werden freiwillig ihr Zimmer räumen! Ach, was sage ich, die Königssuite wird für Sie hergerichtet. Die hohen Herrschaften werden es sich im Speisesaal gemütlich machen. Als ich ihnen vom Kind Gottes erzählte, waren sie Feuer und Flamme! Sie möchten Sie beide und das Kind dann auch begrüßen! Sehen Sie – bei uns ist der Kunde König! Und übrigens, den Arzt haben wir schon bestellt. Hereinspaziert!

R: (*stürzt auf die Bühne*) Halt! Stopp! So geht das nicht! Was soll das? Habt ihr das Drehbuch nicht gelesen? Kennt ihr die Bibel nicht? Maria und Josef finden *kein Quartier* in der Herberge – steht dort!

MA: Nun gut, das mag in der Bibel stehen! Das fanden wir aber schon immer ungerecht und es hat uns alle geärgert: Gottes Kind in einem Stall! *Wir* hätten anders gehandelt! Und das wollen wir jetzt auch so zeigen.

R: Du hast ja Recht! Das ist mir natürlich auch schon oft durch den Kopf gegangen! Vielleicht sollten wir tatsächlich dieses Geschehnis einmal so ausprobieren, wie wir es am liebsten sehen würden. Einen Versuch ist es wert! Also los!

MA: (*zum Publikum*) Maria und Josef sind also in unserer Königssuite gut untergebracht. Der Arzt ist auf dem Weg. An was muss ich jetzt noch denken? Ach ja, an den Portier. (*ruft*:) Portier!

P: Ja, ja, ich komme ja schon – ist das eine Hektik heute!

MA: Pass auf, du rufst jetzt zuerst die Zeitungen an! Reporter sollen kommen und über dieses Ereignis berichten. Außerdem versuche; im Königspalast anzurufen, damit auch Herodes Bescheid weiß! *(Beide gehen ab. Es bleibt eine Weile still.)*

P UND MA: Es ist geschafft! Das Kind ist geboren! Es ist ein gesundes Mädchen!

R: Jetzt reicht es mir aber! Stopp! Was soll dieser Unsinn? Ein *Mädchen*! In der Bibel wird immer nur vom *Sohn* Gottes geredet – niemals von einer Tochter!

MA: Ja, Ja, das weiß ich auch! Aber überlege einmal, was vom Sohn Gottes erzählt wird: Er wird den Menschen helfen – er wird Kranke heilen – sich um Außenseiter bemühen – sich um Kinder kümmern – keinen Ehrgeiz entwickeln, um viel Geld zu verdienen – Frieden stiften … Also, wer nimmt uns dann ab, dass es *kein* Mädchen ist?

R: Logik spielt hier gar keine Rolle: *Der* Messias, *der* Sohn Gottes! So steht es geschrieben und so kennt es jeder! Diesen Unsinn von der Tochter Gottes will ich nicht mehr hören!

MA: Na schön! Obwohl mir das andere fast lieber gewesen wäre! Fangen wir die Szene noch einmal von vorne an!

MA: (*ruft*) Es ist geschafft! Das Kind ist geboren! Der Sohn Gottes! (*dabei guckt er zum Regisseur*)

(*Ein Stern wird aufgerichtet. Hirten kommen.*)

HI: Siehst du, hier muss es sein! Der Stern steht gerade über diesem Haus! (*Hirten klopfen laut an*)

P: Ich komme ja schon – nur keine Eile.

Hi: Sei gegrüßt, lieber Mann! Wir kommen, weil uns ein Engel berichtet hat, dass der Stern die Geburt des Messias, des Gottessohnes, anzeigt. Wir sind dem Stern gefolgt und wollen nun unseren Herrn anbeten – ihn auf Erden begrüßen.

P: Meine lieben Hirten, ihr habt ja Recht! Gottes Sohn wurde vor wenigen Minuten hier in unserem Haus geboren. Aber ich bitte euch: Schaut euch doch an, wie ihr ausseht! Die Stiefel voller Lehm, die Westen recht schmuddelig – und im Ganzen riecht ihr sehr penetrant nach Schafen … Wir sind ein vornehmes Haus mit feinen Gästen! Ich kann euch unmöglich hereinlassen! Ich werde Maria eure Grüße ausrichten. Wartet nur vor der Tür. Macht es euch dort in der Ecke bequem!

(Heilige drei Könige kommen.)

K: Von weither sind wir gekommen. Wir suchen unseren Herrn! Dich, Christus, wollen wir finden; darum folgen wir dem Stern. Seht ihr, dort bleibt er stehen. Hier muss es sein! (*klopfen an*)

K: Wir sind Weise und Könige aus dem Morgenland. Der Stern verkündet uns die Geburt des Gottessohnes, des Heilbringers, des Königs der Menschen! Wir wollen ihm Geschenke bringen und vor ihm beten!

(P ruft den Manager.)

Ma: O, werte Herren, seid gegrüßt! Es ist eine große Ehre für unser Haus, Euch zu empfangen. Kommt nur herein! Das Christkind ist gebadet und gewickelt und zum Empfang bereit!

(Alle gehen ab. Lahmer tritt auf.)

L: O ja, hier muss es sein! Ich hörte von der Geburt des Gottessohnes. Vielleicht kann er mir helfen, meine Not ist so groß! (*klopft an*)

D: Was willst du hier? Wir geben heute nichts – wir haben genug anderes zu tun!

L: Der Stern zeigte mir, dass in diesem Haus der Messias geboren werden soll. Ich hoffe so auf seine Hilfe.

D: Sag mal, was denkst du dir eigentlich? Wir sind das feinste Haus am Platze; bei uns verkehren nur die vornehmsten Herrschaften – und da willst du herein? Wenn du einen Wunsch hast, so schreib einen Bittbrief – den werde ich abgeben.

L: Aber ich kann nicht schreiben.

D: Dann setz dich zu den Hirten. Ich kann dir auch nicht helfen. *(Wache und Bürgermeister kommen.)*

W: Platz da! Hier kommt der Bürgermeister!

B: Hoffentlich komme ich nicht zu spät! Der Messias – der Erlöser – geboren im besten Haus in meinem Ort, in Bethlehem! O, ich sehe schon die Überschriften in den Zeitungen. Ein Bild von mir zusammen mit dem Jesuskind! Hoffentlich sind die Journalisten und Fotografen bestellt. Unsere Stadt wird auf diese Weise berühmt! Touristen werden kommen und Touristen bringen Geld. Genau das fehlt uns doch! *(klopft an und geht eilig ins Hotel)*

W: Platz da! Weg von der Straße! Hier kommt der König selbst – Herodes kommt! Platz da!

He: In diesem schäbigen Ort soll also der Gottessohn auf die Welt gekommen sein! Na ja, wenigstens ist das Hotel nicht übel. Obwohl ich viel lieber in meinem Palast geblieben wäre – bei dem großen Fest. Aber ein bisschen Aufmerksamkeit der Bevölkerung tut mir auch mal wieder gut. Wird sich gut machen: Herodes mit einem Säugling auf dem Arm. *(verschwindet im Hotel)* *(Kinder kommen singend zum Hotel und klopfen an.)*

Ki: Wir wollen zum Gottessohn, zum Messias! Endlich ist er gekommen, auf den unsere Eltern und wir schon so lange gewartet haben! Wir wollen vor ihm niederknien und ihm ein Lied singen, weil wir kein Geld für andere Geschenke haben.

D: Sagt mal, was bildet ihr euch eigentlich ein? Wir haben alle Hände voll zu tun mit unseren hohen Gästen und ihr wagt es, mich von der Arbeit wegzuholen, indem ihr hier einfach anklopft! Verschwindet bloß! Wenn ihr etwas über das Christuskind erfahren wollt, kauft euch gefälligst die Sonderausgabe der Zeitung! *(knallt die Tür zu)*

Die Kinder setzen sich traurig zu den Hirten. – Eine Weile ist alles still.

(Manager tritt auf, schaut sich suchend um – in die Ecke mit Hirten usw.)

R: *(kommt auf die Bühne)* Komm, setzen wir uns eine Weile. Du siehst so nachdenklich aus! Wie geht's drinnen mit dem Jesuskind?

MA: Alle wichtigen Leute sind da. Fotografen und Journalisten halten alles fest: die heiligen drei Könige, der Bürgermeister, der Chef des Bergwerkes, der Oberbefehlshabende der römischen Legionäre – sogar Herodes, der Stellvertreter des Kaisers in Rom! Herodes telefonierte fast eine halbe Stunde mit Augustus, dem Kaiser in Rom. Jesus soll nach Rom gebracht und dort im Palast des Kaisers erzogen werden. Augustus will es sich nicht entgehen lassen, einen Gottessohn in seinem Palast zu beherbergen und in seinem Sinn erziehen zu lassen!

R: Und die Hirten, die Kinder, die Armen?

MA: Sitzen vor der Tür in der Kälte. Weißt du, es geht nicht!

R: Was geht nicht?

MA: Na, so wie ich es mir vorgestellt habe! Jesus, der Sohn Gottes, der Heilbringer, der Friedensfürst – wenn er im Palast erzogen wird, wie soll er denn von den Nöten und Ängsten der Armen wissen?

R: Nein, das kann er nicht wissen. Einmal im Jahr werden sie ein paar ausgewählte Bettler zu ihm lassen!

MA: Jesus soll den Frieden verkünden! Wie kann er das, wenn er auf der Seite von Augustus steht, wenn er in einem römischen Palast aufwächst oder in irgendeinem anderen Palast?

R: Nein, das wird nicht möglich sein!

MA: Wenn er im Palast aufwächst: Wie soll er mit den Ausgestoßenen zusammenkommen? Wie soll er Kranke heilen? Wie sich mit Kindern unterhalten? Wie Sünder auf den rechten Weg bringen? Wie von Gottes Reich erzählen? Es geht nicht!!

R: Du hast Recht. Nein, es geht nicht! Aber was machen wir jetzt?

MA: Es bleibt uns nichts anderes übrig, wir müssen noch einmal von vorne anfangen! Daran können wir doch nichts ändern. Es musste so sein, dass er bei den Armen, bei den Hilflosen, bei denen ohne Macht aufwächst. Also, beginnen wir von vorn!
(*klatscht in die Hände*)

R: Alle Schauspieler wieder auf die Plätze – von vorne!

J: Siehst du, Maria, da vorne ist Bethlehem! Gleich sind wir da.
(*sie klopfen am »Maritim« Bethlehem*)

P: Was wollt ihr? Alle Zimmer sind belegt!

J: Ja, aber meine Frau ist schwanger! Sie wird Gottes Sohn auf die Erde bringen!

P: Meine Güte, seid ihr Spinner! Dieses Hotel könntet ihr euch doch gar nicht leisten. Aber ihr tut mir Leid: Seht, dahinten ist ein Stall! Wenigstens warm habt ihr es dann bei den Tieren. Und jetzt verschwindet!

GABRIELE MEYER-ALLENSTEIN

39. Das Weihnachtssingen

Hinführung: Es gibt Begegnungen, die können einen Menschen total umkrempeln. Aber es ist nicht leicht, das Gute siegen zu lassen.
Vorlesedauer: ca. 7 Minuten.

Nach ihren Streifzügen durch die Stadt saßen die Fünf, vier Jungen und ein Mädchen, in ihrem Schlupfwinkel, einem kleinen Hinterhof in der Stadt. Sie hätten gerne einiges aus den großen Warenhäusern ›mitgehen lassen‹, aber es gab überall Ladendetektive und Überwachungskameras.

Sie waren sauer, weil es nicht gut gelaufen war. Es wäre doch gelacht, bei diesem Weihnachtsrummel nichts rauszuholen! Aber wie? Sie rätselten lange, aber keiner hatte einen guten Vorschlag.

An Arbeit lag ihnen nichts, nur am Geld.

Durch die Dunkelheit wie von weither kam ein Weihnachtslied. Da kam die Idee: Weihnachtslieder singen und zwar für einen guten Zweck! Am besten für behinderte Kinder, das zieht immer. Man müsste nur eine Spendenbüchse basteln und ein paar Wochen lang die Lieder üben.

Einer, der im Schülerchor mitsingen musste, holte aus ihren Stimmen, was rauszuholen war. Piepsen war nicht erlaubt.

Aber zu viele Weihnachtssänger waren in der Stadt unterwegs. Als sie eine Frauenstimme rufen hörten: »Noch einmal ›Stille Nacht‹ und ich schreie los!« gaben sie auf. Sie zählten missmutig die paar Pennies. Das gab kaum eine Runde Cola her und für Fish'n Chips reicht es eh nicht. »Wisst ihr was? Wir fahren in ein Dorf. Das Geld reicht gerade für die Fahrkarten.«

Ja, was sollten sie heute an Heiligabend Zuhause? Vor Mitternacht kamen die Eltern nicht nach Hause und waren dann total abgefüllt. Sie fuhren. Bis Haltestelle Golfplatz. Da wohnen immer die Protze: Eine Villa neben der anderen. Eine Party war in vollem Schwung. Aus den Räumen drängten sich die Gäste.

Sie sangen ihr Bestes, von ›Gloria‹ bis ›Good King Wenceslas‹. Als Zugabe folgte bewusst ›Ihr Kinderlein, kommet‹; das lockert den Geldbeutel. Die Partygäste klatschten Beifall. Der Herr des Hauses faltete Geldscheine und steckte sie in die Sammelbüchse. »Wartet, es ist doch Weihnachten!«, sagte er begeistert und kam mit einem Teller Kuchen und einer Schachtel Bonbons wieder.

Es war eine Menge zu holen in den Villen. Das mit den behinderten Kindern zog. Vor der letzten Villa zählten sie und sahen sich dann sprachlos an. Das reichte wochenlang für Chips, Eis, Cola …

Ganz am Ende der Millionärsstraße stand noch ein Haus. Die Einfahrt war dunkel, nur zwei Fenster erleuchtet. »Da singen wir auch noch!« Sie fühlten sich müde, aber glücklich und in bester Laune. Sie gaben noch einmal ihr Bestes. Eine Frau lud sie ein, doch herein zu kommen, draußen sei es zu kalt. Sie traten ein.

In einer Nische schimmerte ein schön geschmückter Weihnachtsbaum. Die echten Kerzen brannten still und feierlich. Ein kleines Mädchen lehnte reglos in einer Sofaecke und schaute unentwegt in die goldenen Flämmchen. »Sie ist gehörlos«, erklärte die Frau, »aber sie wird sich trotzdem freuen, wenn ihr singt.« Die Fünf standen verlegen da. Dann sangen sie.

Danach hieß es in einladender Freundlichkeit: »Esst ihr etwas mit?« Sie wurden wie liebe Gäste behandelt. Das gehörlose Kind saß auf dem Knie des Vaters und sprach mit ihm durch Fingerzeichen. »Seht, wie gut sie es schon kann! Es ist toll«, sagte die Mutter, »was für solche Kinder alles getan wird.« Sie erzählte von der Arbeit dieser Sonderschulen und den freiwilligen Hilfskräften – sie selbst gehörten auch dazu. Schließlich nahmen sie herzlichen Abschied. So nett war noch nie jemand zu ihnen gewesen. Und dann geschah es: Der Junge, der die Spendenbüchse hielt, überraschte alle und sich selbst am meisten, in dem er der Frau die Büchse mit dem Weihnachtsgeld überreichte und stotterte: »Für die Schule… und für … solche Kinder!«

Die Gesichter der Eltern waren von einem wunderbaren Licht erhellt, als sie einwandten: »Bist du sicher, dass sie es haben sollen? Seid ihr ganz sicher, Kinder?« Sie nickten, alle nickten – wie hypnotisiert. »Dann danken wir euch von Herzen«, sagte der Mann. »Wartet, ich gebe euch eine Quittung, damit alles seine Richtigkeit hat!« Und die Frau meinte, als sie gingen: »Kommt uns wieder besuchen, wenn ihr in der Nähe seid!«

Schließlich waren sie draußen unter den dunklen Bäumen, unter sich. Einer blieb stehen. »Bist du denn ganz und gar übergeschnappt?« fragte er langsam. »Ich – ich – weiß selbst nicht«, stotterte der Junge, der die Spendenbüchse überreicht hatte. »Willst du uns nicht sagen, wie du es uns zurückzahlen wirst?« »Zurückzahlen?«, wiederholte der arme Kerl, der nun langsam wieder zu sich kam. »Jawohl. Das war größtenteils unser Geld, was du verschenkt hast. Nur ein Fünftel war deins. Ich will mein Fünftel haben, und die anderen wollen ihr Geld auch haben, verlass dich drauf!«

Er nahm die Fäuste hoch und rückte auf ihn los. Es folgte ein kurzer, aber heftiger Kampf.

»Kommt, es ist kalt, lasst uns gehen«. Die Kämpfer rappelten sich auf und folgten. »Wie kommen wir bloß wieder in die Stadt?«, meinte einer beinahe weinend. »Wir haben doch Rückfahrkarten!« Sie erreichten die Haltestelle und warteten lange. Es kam kein Bus mehr. Es waren mindestens sechs Meilen bis zur Stadt. Einer lachte schrill auf und fing an zu singen: »O du fröhliche, o du selige …« Ein anderer schrie: »Halt den Rand, oder ich hau dir eine vor den Brotkasten«. Sie zogen los, schweigend, missmutig, finster.

Dann hielt ein großes dunkles Auto neben ihnen. »Was macht ihr denn hier?«, fragte eine tiefe, strenge Stimme. Es war ein Polizeiwagen. »Wir sind Weihnachtssänger!« »Bisschen spät«, meinte der Polizeibeamte skeptisch. »Ja, aber im letzten Haus luden uns die Leute zum Abendessen ein, und dann gab's keinen Bus zurück.« »Sonderbare Geschichte«, murmelte der Inspektor. Er machte den Wagenschlag auf: »Na, hopp, rein mit euch.« »Alle fünf?« »Natürlich alle fünf. Platz genug. Müsstet längst in den Betten sein.«

Ohne ein Wort stiegen sie ein. Der Wagen rollte los, der Stadt zu. Der Inspektor begann die Kinder auszufragen, wer sie wären und woher sie kämen, und befahl dann: »Nun mal die Wahrheit. Was habt ihr getrieben?« »Weihnachtslieder gesungen. Sir, wirklich. Und gesammelt – für die gehörlosen Kinder!« Er überreichte triumphierend die Quittung. Ein Glück, dass sie die nicht weggeworfen hatten. Bevor der Inspektor etwas dazu sagen konnte, begann einer zu singen, das ›Gloria‹, und die andern fielen leiser, dunkler, aber in vollkommener Harmonie ein. »Weiß der Teufel«, fluchte der Polizeibeamte, »ich glaube, ihr wart wirklich weihnachtssingen!«

Nicht lange darauf schlüpften die Kinder durch die verschiedenen Haustüren zu Eltern, die entweder betrunken schnarchten, angstvoll warteten oder mit Prügel drohten.

Da schlug die Uhr eins: Es war schon der erste Weihnachtstag.

Katherine Allfrey

40. Der Sprayer

Hinführung: Weihnachten – Fest der Liebe! – Nur eine Worthülse? Ein Herr Noll, einer von der hölzernen Rasse (sprich »Mann«), hat schwer mit sich zu kämpfen.

Vorlesedauer: ca. 6 Minuten.

Herr Noll biegt mit dem Auto um die Ecke und hält vor seinem Grundstück. Im Licht der Scheinwerfer bemerkt er einen Jungen, der über das Blumenbeet rennt und von der kleinen Mauer springt. Beim Aufkommen fällt dieser auf die Knie. Wie von der Tarantel gestochen, stürzt Herr Noll aus seinem Auto und macht sich über den Übeltäter her. Er packt ihn am Kragen, dann nimmt er ihn in den Würgegriff.

»Hol die Polizei!«, ruft er seiner Frau zu und sie greift hastig zum Handy.

»Was machst du auf unserem Grundstück?«, kreischt Herr Noll. Als er im frühabendlichen Halbdunkel erkennt, dass dieser die Wand beschmiert hat, gerät er außer sich vor Wut. Er zieht an den Haaren des Jungen, als wolle er sie ausreißen.

»Für den Schaden wirst du aufkommen und wenn es hundert Jahre dauern sollte!«, brüllt er. Dabei drückt er den Hals des Jungen fest zu, dass er kaum Luft bekommt.

Einige Minuten später fährt ein Streifenwagen vor. Zwei Polizisten eilen aus dem Fahrzeug. Herr Noll schildert in wenigen Worten den Sachverhalt, dann führen die beiden Beamten den Sprayer ab. Noch immer außer sich vor Zorn, betritt Herr Noll sein Haus und bedient sich an der Bar. »Wir werden uns den Schaden morgen im Hellen ansehen«, versucht die Frau ihren Mann zu beruhigen.

Am nächsten Tag ruft Herr Noll Frau Kleinhorst an. Sie ist eine Freundin, mit der er kegelt und die hier in der Stadt als Jugendrichterin arbeitet.

»Versprich mir«, bittet er, »dass du die Höchststrafe verhängst! Dieses Beschmieren von Fassaden, Mauern und Brückenbögen muss ein Ende haben. – Ach, und noch etwas: Sorge dafür, dass er für den Schaden irgendwie aufkommen muss!«

Frau Kleinhorst will hart durchgreifen.

Noch immer aufgebracht, kehrt Herr Noll am Abend heim. Seine Frau bereitet gerade das Abendbrot. Als sich ihr Mann an den Esstisch gesetzt hat, sagt sie, und es klingt fast beiläufig: »In vier Tagen ist Heiligabend. Ich möchte den Jungen einladen, mit uns die Festtage zu verbringen.«

Herr Noll lässt die Gabel fallen und schnappt nach Luft wie ein Fisch auf dem Trockenen. »Du willst ... was?«

»Den Jungen einladen. Er soll mit uns den Heiligen Abend verbringen und, wenn er möchte, auch die Feiertage«, sagt Frau Noll und hebt wie zur Bestätigung das Messer, mit dem sie gerade die Leberwurst auf das Brot streicht. »Es war gar nicht so einfach, in diese Richtung die ersten Schritte zu unternehmen. Erst musste ich zur Polizei, um den Namen und die Anschrift zu erfragen. Er lebt im Heim in der Karolinenstraße.«

»Um Gottes Willen, warum bist du überhaupt dort hingegangen?«

»Ja, weißt du«, antwortet die Frau, »in deiner Erregung ist dir gar nicht aufgefallen, wie ruhig der Junge war, als du ihn würgtest und misshandeltest. »Misshandeltest?« »Ja, und der Junge war brav wie ein Lamm. Aber noch mehr staunte ich über das, was er an die Wand geschrieben hat. Das war ein Schrei nach Hilfe.«

»Ich habe mir die Schmierereien noch gar nicht angesehen.« »Das weiß ich.«

Frau Noll stellt einen kleinen Salat und ein paar Brote auf den Tisch. Dann berichtet sie weiter: »Der Junge lebt also in dem Kinderheim in der Karolinenstraße. Er ist vor einem halben Jahr dort hingekommen. Seine Mutter war Alkoholikerin, sein Vater ist ein Herumtreiber. Wenn die Mutter in der Lage war, den Sohn zu versorgen, dann bekam er auch etwas zu essen. Aber oft ging das Kind hungrig zu Bett oder schmutzig auf die Straße. Der Vater ließ sich manchmal wochenlang nicht sehen, ernährte die Familie nur ungenügend. Freunde und Verwandte halfen, damit nicht das Schlimmste geschah.

So wuchs das Kind auf, viel allein und fast ohne Liebe. Und dennoch hat es bitterlich geweint, als es eines Morgens die Mutter tot auf dem Flur fand. Sie war spät in der Nacht betrunken die Treppe hinuntergestürzt und hatte sich das Genick gebrochen. Der Junge bemerkte das Unglück erst am nächsten Tag. Sie war ihm eine schlechte Mutter, aber dennoch sein einziger Halt auf dieser Welt. Der Vater meldete seinen Sohn gleich nach der Beerdigung in einem Heim an. Mit der Begründung, er habe keine Zeit, sich um die Erziehung des Kindes zu kümmern. Hier lebt der Junge nun seit einem halben Jahr und ist noch nicht einmal vom Vater besucht worden. Der Heimleiter meint, er wird ihn auch nicht Weihnachten zu sich holen.«

»Aber dafür müssen wir doch nicht einspringen.«

»Müssen nicht! Aber wir sollten es tun. Dieser Junge braucht jemanden. Im Heim hat er kaum Kontakt zu den anderen Jugendlichen. Er verkriecht sich in sein eigenes Schneckenhaus. Vielleicht schämt er sich wegen seiner Familie.«

Frau Noll trinkt einen Schluck Tee. Dann setzt sie ihren Bericht fort: »Der Heimleiter lässt nicht gern Kinder oder Jugendliche über die Feiertage in irgendwelche Familien gehen. Ich denke, er hat Recht. Da erleben die Kinder zwei Tage friedvolles Familienleben und dann werden sie wieder abgeschoben. Das schmerzt. Ich habe ihn überzeugt, dass es bei uns anders ist. Wir wollen uns mit ihm versöhnen.«

»Mit einem solchen Schmierfinken?«

»Mit einem solchen Schmierfinken! Wir sagen, Weihnachten ist das Fest der Liebe. Ich frage mich, ob das nicht nur eine Worthülse ist. Wenn wir es ernst meinen mit dem Weihnachtsfest, sollten wir Taten folgen lassen.

Denn wenn einer an die Wand schreibt: ›Satt werden ist noch nicht leben!‹, dann schreit er förmlich nach Liebe.«

Frau Noll sieht ihren Mann bittend an: »Du solltest die Einladung aussprechen. Und ich hoffe, der Junge nimmt sie an.«

Heribert Haberhausen

41. Der Engel im Glatteis

Hinführung: Zweifel können unseren Glauben stärken. Vor allem bei dem, der folgende Begegnung erlebt.

Vorlesedauer: ca. 6 Minuten.

Ich war in dem Alter angekommen, in dem ich mit dem Christfest rein gar nichts anzufangen wusste. Mein Zuhause war ein größerer landwirtschaftlicher Betrieb am Fuße eines Berges mit all seinen tausend Handgriffen. Der Heiligabend war gekommen, und weil bei meiner Mutter der Faden der Geduld heute nicht unzerreißbar war, schickte sie mich mit meinem Brüderchen in das vier Kilometer entfernte Bergstädtchen, um noch ein paar Sachen auszutragen. So lud ich ihn und alles auf den Schlitten und fuhr los. Unterwegs hatte ich genug Zeit zum Träumen und Nachdenken; vielleicht gelang es mir doch noch, mich in die richtige Weihnachtsstimmung hineinzuarbeiten. Der Höhenwind roch nach Tau.

»Warum darf man das Christkind nie sehen?« forschte das Brüderchen.

Am liebsten hätte ich ihm gesagt: »Weil es keins gibt!« Aber das sollte es selbst entdecken, wenn es aus seiner herrlichen Märchenwelt fallen würde. Wut und Verzweiflung packten mich, wenn ich dran dachte, dass ich heute Abend bei der Bescherung das Weihnachtsevangelium vortragen sollte: »… und siehe, der Engel des Herrn trat zu den Hirten, und die Klarheit des Herrn umleuchtete sie. Und sie fürchteten sich sehr…« Warum zeigten sich die Engel nur *damals* den

Hirten? Ich war schon so alt, aber noch nie hatte ich auch nur den Schimmer eines Engels erblickt! Ich kam mir in meinem Zweifel vor wie ein Ertrinkender. Wenn es dieses liebende Du Gottes wirklich gab, dann müsste es sich doch gerade heutzutage der Menschheit erbarmen. Dann müsste er ein Wunder geschehen lassen. Ich verlangte ja gar kein großes. Ich zählte leise und heimlich bis hundert – dann müsste sich irgendetwas verändern – es brauchte ja nicht gleich ein Engel zu erscheinen; es genügte ja ein plötzlicher Windstoß oder dass der Schlitten knackte... achtundneunzig, neunundneunzig – hundert. Nichts geschah! Ach, wie sinnlos war doch alles, was ich dachte und tat.

Wir gingen weiter. Der steile Weg war mit Glatteis überzogen. Die steilste Strecke, kurz vor dem Städtchen, war Gott sei Dank gestreut. Wir wickelten unsere Besorgungen rasch ab, wurden von allerlei Leuten mit Backwerk ausgiebig versorgt und machten uns gestärkt auf den Heimweg. Damals war Autoverkehr noch selten, so freuten wir uns auf die Talfahrt, die Serpentinen entlang. Aber dann stellten wir fest, dass die Fahrbahn für die Feiertage sorgfältig gestreut worden war. Doch nun den Schlitten heimwärts ziehen, das ging gegen jede Rodlerlehre. Es zweigte ein Fußweg ab. Der war bei Glatteis gefährlich und verboten. Doch genau das lockte. Nur erwischen lassen durfte man sich nicht. Im Bergstädtchen war uns ein Junge mit dick verbundenem Kopf begegnet, der so einen verbotenen Weg probiert hatte. Mit Blick auf mein Brüderchen zögerte ich noch einen Augenblick. Aber dann sauste der Schlitten los, es war herrlich. Und wer am Fuße eines Berges aufgewachsen ist, versteht sich aufs Rodeln.

Dann begann das Glatteis. Ich bremste, als müssten mir die Absätze von den Schuhen fliegen. Der Schlitten fing an, über die Baumwurzeln zu hopsen und sich zu drehen, sie brachten ihn aus der Richtung. Mir wurde heiß. Jetzt – die gefährliche Kurve – nur gut hineinkommen! Doch o weh, der Schlitten legte sich nicht in die Biegung, er flog geradewegs zwischen den Bäumen hindurch in die Tiefe.

Es kann dies alles nur ein bis zwei Sekunden gedauert haben.

Aber in solch bedrohten Augenblicken scheint man aus den Gesetzen von Raum und Zeit herausgeschleudert zu werden. In blendender Klarheit weiß ich noch jede Einzelheit dieser Sekunden: Dort unten – ein Baum! Wir werden auffahren! Das unschuldige Brüderchen – mit Schädelbruch! Und die Eltern, o die Eltern! Gott, Gott vergib – und hilf, hilf!

Was ist das? Plötzlich steht da ein Waldarbeiter. Blitzschnell wirft er sich auf die Knie und fängt den Schlitten noch vor dem Baum auf. Alle miteinander rutschen wir ein Stück abwärts, ehe wir Halt bekommen. Er nimmt das Brüderchen in seine Arme, ich selbst kann mich am Gestrüpp halten. Der leichtgewordene Schlitten gleitet auf dem klebrigen Schnee noch ein wenig weiter und bleibt an einem Baumstumpf hängen.

Was sagte der Mann? Ich weiß es nicht mehr. Sagte er überhaupt etwas? Wie Feuer- und Donnerschlag umbrauste es mich.

Mit dem Brüderchen ging der Mann besonders liebevoll um, holte uns den Schlitten und half uns wieder auf den Weg. Ich war dankbar, dass er uns nichts fragte. Vielleicht wollte er uns das Fest nicht verderben, denn es kam weder Zorn noch Tadel über seine Lippen.

Ich stotterte einen Dank. Dann eilten wir rasch weiter.

Ich verging fast vor Reue und Scham, vor Schrecken und Freude. War ich nicht vermessen gewesen und hatte ein Zeichen gefordert, hatte bis hundert gezählt? Erkannte ich jetzt nicht, dass Gottes allgegenwärtige Liebe einen Engel senden konnte, wann und in welcher Gestalt es ihm beliebte? Jetzt wusste ich, was das bedeutete… « und die Klarheit des Herrn umleuchtete sie«.

Es war ein Engel für mein Brüderchen gewesen! Das hatte die Gefahr gar nicht begriffen und plapperte voll fröhlicher Ungeduld über seine weihnachtlichen Wünsche und Erwartungen. Aber auch für mich war es ein Engel gewesen, damit ich, mitten in all meinen Zweifeln, etwas ahnen konnte von der Größe und Nähe der göttlichen Liebe.

Heute sehe ich ein: Es gibt kein Vertrauen auf Gott, ohne über Abgründe zu gehen, ohne heiß und leidenschaftlich um IHN zu ringen. Zweifel sind das Atemholen zum Glauben. Und die Erfahrung, die ich gemacht hatte, war ein Schritt näher – trotz aller Bedenken –, dem Geheimnis zu begegnen, dass es Engeln geboten ist, uns zu verkündigen: Fürchtet euch nicht!

Charlotte Hofmann-Hege

42. Weihnachten im Juli

Hinführung: Eine junge Frau, die wie die meisten jüngeren Erwachsenen Weihnachten sehr kritisch sehen, versagt an einem Weihnachtstag – mitten im Juli.

Vorlesedauer: ca. 10 Minuten.

Steht da am späten Nachmittag des 16. Juli eine Frau vor meiner Tür, ein etwa einjähriges Kind auf dem Arm. Ein etwas größerer Junge drückt das Gesicht gegen ihren langen, gut sitzenden Rock und schreit mit heiserer Stimme immerfort: »Ich will heim! Ich will heim!« Ein hellblonder dritter Junge, der vielleicht schon in die Schule geht, steht mit gespreizten Beinen vor der Mutter und blickt mich nahezu herausfordernd an.

Zigeuner, ist mein erster Gedanke, und eine Spur von Panik meldet sich in meinem Magen.

Da erst bemerkte ich den gelben VW-Kombiwagen auf der Straße. Oben auf dem Dach ein leuchtendes Kästchen mit den Buchstaben Taxi. Der Motor ist abgestellt. Der Fahrer sitzt am Lenkrad und liest in einer Zeitung.

»Ich will heim!« Ich will heim!« schreit der Junge. Was werden wohl die Nachbarn denken? Ich werde ganz nervös. Die junge Frau steht bewegungslos vor mir und sieht mich aus ihren großen, leicht geröteten Augen an.

»Kennen Sie mich nicht mehr?« fragt sie leise. Sie versucht ein Lächeln.

Ich schüttle den Kopf, denke nach und sage schließlich: »Nein.«

»Ich bin die Tochter von Frau B.«

Ja, ich erinnere mich dunkel. Sie wohnte mit ihrer Mutter zwei Stockwerke über mir in einem Münchener Hochhaus. Mit ihrer Mutter habe ich häufiger auf der Treppe gesprochen. Kathrin – so heißt die Frau vor meiner Tür – war damals, vor 12 Jahren, zweimal bei mir in der Wohnung. Einmal wollte sie wissen, wo man das Abitur nachmachen kann, ein andermal fragte sie, wo es in England am schönsten sei. Ich weiß nicht, wo sie arbeitete. Ich weiß nur, dass sie sehr gut aussah. Und ich muss sagen, sie ist noch immer schön.

Seit ich vor 10 Jahren von München weg hierhin aufs Land gezogen und auf dem Gemeindeamt tätig bin, schreiben ihre Mutter und ich uns regelmäßig eine Weihnachtskarte. Mehr als das Übliche steht nicht darauf. Ich erinnere mich noch schwach, dass die beiden älteren Schwestern Kathrins eine gute Partie gemacht haben. Kathrin war damals noch unverheiratet.

Der Junge schreit weiter: »Ich will heim! Ich will heim!« Ich denke, so wie der Junge spricht, sprechen die Leute in Koblenz oder in Mainz. Das ist weit weg von hier. Noch immer steht Kathrin reglos vor meiner Tür, noch immer blickt der älteste Junge herausfordernd zu mir hoch. Noch immer liest der Taxifahrer in seiner Zeitung.

Die Nachbarn sammeln sich in ihren Vorgärten, wie unabsichtlich stehen sie herum. Heimlich äugen sie zu uns herüber. Mir bricht der Schweiß aus. Das ist nicht nur die brütende Hitze dieses afrikanischen Sommers. Die Nachbarn sind gespannt. Ich sage hastig: »Kommen Sie herein!«

Aber da ist immer noch das Taxi. Ich sehe es durchs Fenster. Kathrin schaut mich an und fragt leise: »Ob ich wohl ein paar Nächte bei Ihnen bleiben könnte?«

Ich denke, ich habe nicht recht gehört. Sie sagt: »Auch nicht ein, zwei Nächte?« Ich kriege immer noch kein Wort heraus. Sie fragt:

»Auch nicht diese eine Nacht? Wir sind hundsmüde.« Der eine Junge schreit stärker als zuvor: »Ich will heim! Ich will heim!« Der Kleinste blickt wie ins Leere. Der Älteste mustert mit hellen Augen meine Stereo-Anlage.

Ich weiß nicht, was ich sagen soll. Schließlich murmele ich: »Meinetwegen eine Nacht.«

Kathrin geht hinaus, noch immer den Kleinen auf dem Arm, sagt etwas zu dem Taxifahrer, und der setzt mir nacheinander einen Kinderwagen hin, eine Plastikbadewanne mit Kleidern drin, drei Koffer, ein Kinderbettchen (auseinander genommen) und noch ein paar Hand- und Strandtaschen aus Segeltuch.

Ich stehe schweißgebadet da. Wieder ist da nur das eine Bild. Zigeuner. Zigeuner in meinem Haus.

In panischer Eile schleppe ich das Zeug in die Diele. Kathrin hat immer noch den Kleinsten auf dem Arm. Anscheinend kann er noch nicht laufen. Ich sage: »Setzen Sie sich!« und flüchte in das große Zimmer, stelle das Bettchen auf, hole Bettzeug für die Couch und lege eine breite Luftmatratze daneben. Das geht viel zu schnell. Was kann ich jetzt noch tun? Butterbrote machen, Milch einschütten. Der Junge, der immerfort heim will, rührt keinen Bissen an. Der Älteste isst drei Brote mit Tomaten. Für den Kleinsten macht Kathrin die Flasche fertig. Ihre Bewegungen sind ruhig, schön wie damals. Jetzt kann ich nicht mehr fortlaufen. Es gibt nichts mehr zu tun. Ich sitze wortlos daneben. Während der kleinste trinkt, sagt Kathrin leise: »Gibt es hier im Ort einen Kombiwagen zu mieten?«

Ich frage: »Wozu?«

»Ich glaube, es ist besser, ich fahre noch heute Abend weiter.«

»Und wohin?«

Nach einer Pause sagte Kathrin, ohne mich anzuschauen: »Vielleicht zu meiner Schwester.«

Der Junge hat sich müde geschrien und schaut mich aus trockenen Augen an. Ich sage: »Ich habe ja schon alles zum Schlafen fertiggemacht. Bleiben Sie diese Nacht.«

Kathrin steht auf und sagt: »Ich lege den Kleinen hin.« Als sie mit ihm aus dem Badezimmer kommt, frage ich: »Soll ich eine Plastikdecke holen für die Matratze?«, für *meine* Matratze. »Ist nicht nötig«, sagt Kathrin, »durch das Höschen kommt nichts durch.«

Sie fragt beim Hinausgehen: »Wann legen Sie sich schlafen?« Ich zucke die Schultern und sage: »Auf mich brauchen Sie keine Rücksicht zu nehmen.« Sätze wie diese kommen mir ganz leicht über die Zunge.

Sie hantieren lange im Badezimmer, und der Kleinste schreit lange, ehe es ruhig wird. Das heißt, für eine kurze Zeit. Denn schon bald kommt Kathrin wieder leise mit einem Kind ins Badezimmer und lässt etwas Wasser laufen. Das Kind hat wohl Durst. Kathrin macht kein Licht. Noch zweimal höre ich sie ins Badezimmer gehen.

Ich kann nicht einschlafen. Ich denke: Was sage ich, wenn sie mich um Geld bittet? Dann fällt mir ein, dass sie nichts zu Abend gegessen hat. Und wenn sie morgen fragt, ob sie nicht noch eine weitere Nacht bleiben könne? Was dann?

Ich wälze mich von einer Seite zur anderen. Die Hitze ist drückend wie am Tag. Ich kenne Kathrin doch so gut wie gar nicht! Sollen die Augen aufmachen, wenn sie heiraten. Was sage ich den Nachbarn? Wie die daherkommt mit all dem Zeug, so kommen heute nur noch die Zigeuner. Über der Vorstellung Zigeuner bin ich dann wohl endlich eingeschlafen.

Kathrin fragt mich, wo es hier im Ort einen Taxibetrieb gibt. Ich beschreibe ihr den Weg. Inzwischen mache ich das Frühstück. Die Kinder essen leidlich.

Kathrin kommt zurück und sagt: »Um 11 Uhr fahren wir.« Sie trinkt Kaffee. Sie meint, ich hätte eine schöne Wohnung. Ich sage: »Na, es geht.«

Kathrin geht mit dem Kleinsten ins Badezimmer. Der Älteste holt seinen Schulranzen aus der Diele und macht Schulaufgaben. So als sei nichts geschehen. So als ginge er morgen wie jeden Tag zur Schule.

Er sagt mir, er heiße Elmar und seine Brüder hießen Carsten und Per.

»Klingt skandinavisch«, sage ich.

Elmar nickt: »Wir waren in den Ferien in Norwegen. Papa musste dort zu einem Kongress. Wir sind viel mit einer Yacht gefahren.« Jetzt erst fällt mir auf, wie geschmackvoll der Junge gekleidet ist.

Der Taxifahrer klingelt, während Kathrin noch im Badezimmer ist. Ich sage zu ihm: »Sie sind zu früh.«

»Weiß ich. Aber ich wollte nur fragen, ob die Frau Ihre Verwandte ist oder so etwas ähnliches.«

Ich sage: »Nein. Warum wollen Sie das wissen?«

Der Taxifahrer: »Die ist so komisch. Ob die wohl bezahlen kann?«

»Ganz sicher«, sage ich.

Der Taxifahrer: »Dann bis 11.«

Kathrin hilft beim Einladen. Elmar hält den jüngsten Bruder auf dem Arm. Kathrin sagt leise: »Vielen Dank für alles.«

Gegen Abend gehe ich zur Tankstelle hinunter und frage, wohin Kathrin gefahren ist.

Der Vater des Taxifahrers sagt, sein Sohn habe vor einer halben Stunde aus Oberhausen angerufen. Es wäre ein Mordsverkehr. Er käme spät nach Hause.

Bald ist meine Wohnung wieder aufgeräumt und rein und still. Aber in mir wird es nicht ruhig. Auch ein Gang in den Garten hinaus tut nicht die gewohnte Wirkung. Der übliche Mechanismus kommt am Ende dennoch langsam wieder in Gang.: Ich werde ihr einen Brief schreiben und darin sagen, wenn wieder alles in der Reihe sei (»unter glücklicheren Umständen«), solle sie mit den Kindern ein paar Tage zu mir kommen (»am besten, wenn es draußen schön ist«), oder wenn sie nicht alle kommen wollten, dann sollte eins der Kinder die Ferien bei mir verbringen, Elmar am besten (»Elmar ist ja schon so vernünftig«). Am allerbesten, ich schreibe Kathrins Mutter, sie solle ihrer Tochter das sagen von meiner Einladung. Mütter wissen am besten, wie sie ihre Töchter nehmen müssen. In jedem Fall ein Brief hinterher.

Vor dem Zubettgehen schaue ich noch einmal in den Spiegel, beschaue mich von oben bis unten. Schamröte kommt hoch. Ich lasse sie gewähren. Ich habe mich unmöglich benommen, unmöglich. Ein Brief macht alles nur noch schlimmer. Das ist kein Fall für Briefe. Das ist ein Fall zum Rotwerden.

Julia Vollmer

43. Ein Komet zieht vorbei

Hinführung: Furchtbare Kriege, Folter, Gräueltaten. Warum greift Gott nicht ein? Warum lässt er dem Menschen auch dann die Freiheit, wenn er sich und die ganze Welt zugrunde richten will? Wir hören, warum Gott mit uns nicht die Geduld verliert.
Vorlesedauer: ca. 6 Minuten

Der Herr, der Schöpfer der Welt, schwebte durch das Weltall und schaute ärgerlich auf die Erde hinunter. Da hatte er sich sechs Tage lang die größte Mühe gegeben, hatte Wasser und Land voneinander getrennt, das Land mit grünen Tälern durchzogen und schneebedeckte Berge aufgetürmt, hatte es mit zartem Vergissmeinnicht und knorrigen Eichen bepflanzt und mit sanften Tauben und majestätischen Löwen belebt. Schließlich hatte er die Menschen als Krönung seiner Schöpfung draufgesetzt. Sie sollten die Erde regieren, an seiner Stelle und vor allem zu seiner Freude. Aber was hatten die Menschen gemacht? Sie hatten sich zu einem ausgesprochenen Lumpenpack entwickelt. Aus nichts als Mord, Gewalt, Gier, Neid und Heuchelei bestand ihre Geschichte. Nein, sie hatten ihm die Freude an der ganzen Schöpfung verdorben.

Ich will mir ein neues Paradies schaffen, sagte sich der Herr, ein Paradies für mich allein, damit ich mich wieder freuen kann, wenn mein Blick auf die Erde fällt. Ein kleines Fleckchen nur, weitab von allen Menschen. Er deutete auf einen Punkt im weiten Ozean. Sogleich brach das Wasser auseinander, und eine Insel tauchte auf. Schäumende Wellen umsäumten den weißen Strand, Palmen rauschten im Wind, Schmetterlinge tanzten um duftende Blüten, Vögel zwitscherten, und in den Bergen glänzten Gold, Silber und Edelsteine. Und der Herr lächelte zufrieden.

Es dauerte nicht lange, da näherte sich ein Schiff der Insel. Der Kapitän schaute durchs Fernglas, betrachtete seine Seekarte und erkannte, dass die Insel neues Land war.

»Die Insel schickt der Himmel!« rief er. »Von hier aus können wir den ganzen Ozean kontrollieren!« Er landete, hisste die Flagge seines Landes und nannte die Insel Friedensinsel.

Zur gleichen Zeit fuhr ein anderes Schiff von der anderen Seite auf die Insel zu. Der Kapitän schaute durchs Fernglas, betrachtete seine Seekarte und erkannte, dass die Insel Neuland war. »Die Insel schickt uns der Himmel.« Er rief: »Hier gibt es bestimmt Gold und Silber in Mengen. Vielleicht sogar Uran! Wir werden das reichste und mächtigste Volk der Erde werden!« Er landete stieß die Flagge seines Landes in den paradiesischen Boden und nannte die Insel Freiheitsinsel. Das sah der erste Kapitän. Er schrie den Kapitän an: »Was fällt Ihnen ein! Räumen Sie sofort die Insel! Sie gehört *meinem* Land!«

Der zweite Kapitän brüllte zurück: »Nein! Die Insel gehört *meinem* Land! Scheren Sie sich zum Teufel!«

Sie funkten an ihre Hauptstädte, was geschehen war. Die Regierungen der beiden Staaten traten eilig zusammen. Die eine schrieb der anderen einen Brief. Darin stand: »Sie mischen sich in unsere Interessen ein. Sie stören damit den Frieden. Das werden wir nicht zulassen!« Die andere Regierung antwortete: »Nein!« *Sie* sind der Friedensstörer, weil sie unsere Macht nicht anerkennen wollen!«

So begann der Krieg. Der Rundfunk spielte Marschmusik. Panzer rollten über die Straßen. Soldaten marschierten. Sirenen heulten. Die Menschen flohen in Luftschutzbunker. Flugzeuge brausten über das Land und warfen Bomben ab. Städte fielen in Trümmer und brannten aus. Frauen standen mit hungrigen Mägen und Lebensmittelkarten vor den leeren Geschäften Schlange. Schwarzhändler verkauften das knappe Brot zum hundertfachen Preis. An der Front donnerten die Geschütze und ratterten die Maschinengewehre. Wer viele Feinde getötet hatte, bekam einen Orden. Hinter der Front wurden die toten Soldaten in Massengräber geworfen. »Durchhalten, bis der Feind am Boden liegt!«, forderte die eine Regierung ihr Volk auf. »Durchhalten! Der Sieg wird unser sein!« rief die andere Regierung. Das dauerte so lange, bis die eine Regierung keine Flugzeuge, Panzer und Kanonen mehr hatte. Als sich der Rauch verzogen hatte, war die halbe Erde zerstört. Und die paradiesische Insel war eine Wüste.

Da packte den Herrn der gerechte Zorn. Seine Geduld war zu Ende. Er sah sich nach einem Kometen um und lenkte ihn auf die Erde zu. In Feuer und Rauch wollte er dieses ständige Ärgernis Mensch mitsamt dem Planeten ein für allemal vernichten.

Da drang ein leiser Schrei an sein Ohr, noch einer, nein, hundert Schreie waren es, von hier, von dort, von der anderen Seite der Erde. Er blickte sich noch einmal um. Und er sah die hundert Kinder, die in dieser Sekunde geboren worden waren, in Indien, in Feuerland, auf Tahiti, in Moskau und Hintertupfenhausen, in China, Südafrika und Lappland. In der nächsten Sekunde wurden abermals hundert Kinder geboren. Ihr Schreien war ihre einzige Sprache, und diese Sprache war bei allen gleich, bei den Schwarzen und den Weißen, bei den Chinesen und Indios, bei den Kindern in Moskau und Hintertupfenhausen. Und ihr Lächeln war gleich und ihr erstes Weinen.

Da verschwand der Zorn aus dem Gesicht des Herrn. »Nein, um dieser Kinder willen will ich's noch einmal mit den Menschen versuchen.«, dachte er. »Vielleicht werden diese einmal anders!« Und er lenkte den feurigen Kometen in seine Bahn zurück.

Alfred Hageni

Weitere geeignete Geschichten:

Die Nummern 16, 21, 27–29, 47–51, 53, 54, 56, 57, 63, 64.

IV. GESCHICHTEN FÜR JÜNGERE ERWACHSENE

44. Die beiden Weihnachtsesel

Hinführung: Manchmal kommen wir uns wie Esel vor, die ausgenutzt und überfordert werden. Wir hören von einem Esel, der weiß, wer die Kraft gibt, manche Lasten durchzutragen.
Vorlesedauer: ca. 4 Minuten.

Vor zweitausend Jahren lebten in Bethlehem zwei kleine Esel, ein brauner und ein grauer. Sie gehörten einem Müller, dessen Knechte ihnen den ganzen Tag keine Ruhe ließen. Von früh bis spät schleppten sie Säcke voll Korn und Mehl von einem Ort zum anderen. Wenn sie einmal stehen blieben, um eine Blume zu betrachten oder über eine Wolke am Himmel zu staunen, wurden sie mit Schlägen weitergetrieben.

Die zwei kleinen Esel beneideten die Katze, den Hund und die Hühner, die nichts anderes zu tun hatten, als Mäuse zu fangen, die Mühle zu bewachen und Eier zu legen. »Ach«, klagten sie, »Gott der Schöpfer, hat es mit den Eseln schlecht gemeint. Uns hat er dazu bestimmt, Lasten zu tragen und den Menschen zu dienen.«

Doch eines Tages in der Morgendämmerung, kamen ein paar Hirten bei der Mühle vorbei und erzählten, was sie in der Nacht erlebt hatten: In einem Stall in der Nähe Bethlehems war ein Kind geboren, in einer Krippe, arm und bloß. Engel hatten gesungen, und sogar drei Könige, von einem Stern geführt, hatten den Weg zu ihm gefunden. »Es ist Christus, unser Retter«, sagten die Hirten, »ein neuer König, der auch die Hilflosen von ihren Lasten befreien wird.«

Die beiden kleinen Esel horchten auf. Ein König, der auch die Hilflosen von ihren Lasten befreien wird, ist auch unser König, dachten sie. Und unbemerkt von den neugierigen Knechten, machten sie sich auf, um ihn zu suchen. Die Fußspuren der Hirten und der Schafe zeigten ihnen den Weg.

Aber als sie endlich zu dem Stall kamen, war er leer. Ein kalter

Wind blies durch die Ritzen, und von dem Wunder dieser Nacht war nichts übrig geblieben als ein von vielen Füßen zertretener Boden, eine Kuhle im Stroh und der letzte Hauch eines Duftes von Weihrauch und Myrrhe.

Sie konnten nicht wissen, dass es ein Esel war, der, nun von Josef geführt, ohne zu murren und mit schnellem Schritt Maria mit dem Kind davon trug und vor den Häschern des Herodes rettete.

In diesem Augenblick nämlich kam der Müller mit einem Stock dahergelaufen. »Hier finde ich das Lumpengesindel! Marsch, an die Arbeit!« schrie er. Und die beiden kleinen Esel konnten nichts anderes tun als gehorchen. Sie kehrten in die Mühle zurück und schleppten weiterhin die schweren Säcke von einem Ort zum anderen.

»Was die Hirten erzählt haben, ist Lug und Trug«, sagte der kleine braune Esel und seufzte unter seiner Last. »Ich glaube daran«, sagte der kleine graue Esel und spürte plötzlich, wie seine Last leichter wurde. »Und die Säcke auf deinem Rücken? Wo bleibt nun der König, der auch die Hilflosen von ihren Lasten befreit?« fragte der braune.

»Er nimmt mir die Last nicht ab«, antwortete der graue, »aber er gibt mir die Kraft, sie zu tragen. Darum gib mir auch deine Säcke!« Der Müller und seine Knechte wunderten sich über die beiden kleinen Esel. »Was ist nur los mit ihnen?« sagte der Müller.

Jedes Mal, wenn er seinen Stock gegen sie erheben wollte, wurde er so schwer in seiner Hand, dass er auf den Boden fiel. Und wenn die beiden kleinen Esel einmal stehen blieben, um eine Blume zu betrachten oder über eine Wolke zu staunen, blieb ihm nun nichts anderes übrig, als sie gewähren zu lassen oder sie mit guten Worten an ihre Pflicht zu erinnern.

Dann nickte der kleine graue Esel mit dem Kopf.

Der kleine braune aber staunte. Nun glaubte auch er an das Wunder im Stall, das er nicht mit eigenen Augen gesehen hatte.

Max Bolliger

45. Die Bescherung

Hinführung: Der Kabarettist Hanns Dieter Hüsch ist bekannt dafür, dass er dem Alltag genau auf die Finger schaut und uns zum Schmunzeln bringt.
Vorlesedauer: ca. 7 Minuten.

Dass mir keiner ins Schlafzimmer kommt! Alle Jahre wieder ertönt dieser obligatorische Imperativ aus dem Munde meiner Frieda, wenn es darum geht, am Heiligen Abend Pakete und Päckchen in geschmackvolles Weihnachtspapier zu schlagen; wenn es darum geht, den Rest der Familie in Schach zu halten, damit auch ja keiner einen voreiligen Blick auf die Geschenke werfen kann.

Ich dagegen habe es etwas einfacher: Ich schmücke den Baum! Punkt 17.00 Uhr begebe ich mich auf die Veranda und hole den schönen Baum herein.

Es ist wirklich ein schöner Baum, sagt die Frieda.

Doch, sage ich, der Baum ist schön.

Dann kommt die kleinere Frieda auch noch und sagt, dass der Baum schön ist.

Und nachdem wir alle noch ein paar Mal um den schönen Baum herumgegangen sind, sagt die Frieda: Mein Gott! Es ist ja schon halb sechs!

Und damit beginnt offiziell in allen Familien, die sich bei diesem Fest noch bürgerlicher Geheimnistuerei bedienen, der nervöse Teil der Bescherung.

Deshalb stecke ich mir vorbeugend – einmal im Jahr – zunächst mal eine Zigarre an und überlege in aller Ruhe, welche formalen Prinzipien ich dieses Mal zur Ausschmückung des schönen Baumes anwende.

Habe ich dann den Baum nach einigen Schnitzereien mit einem Sägemesser glücklich in den Christbaumständer gezwängt, weiß ich auch schon, wie ich's mache:

Dieses Mal werde ich endlich dem Prinzip huldigen: Je schlichter, desto vornehmer! Zwei, drei Kugeln, vier bis fünf Kerzen, hie und da einen Silberfaden, aus! Schließlich ist das ja ein Baum und keine Hollywoodschaukel.

Das soll natürlich nicht heißen, dass wir nicht genug Kugeln und Kerzen, Lametta und Engelshaar, Glöckchen und Trompetchen hätten. Im Gegenteil. Ich könnte damit drei Bäume, Pardon, drei schöne Bäume schmücken.

Und schon erhebt sich die Frage: Nur bunte Kugeln oder nur silberne? Nur weiße Kerzen oder nur rote? Engelshaar oder kein Engelshaar? Ja, was sollen meine intellektuellen Freunde denken, wenn die am 2. Feiertag zu Besuch kommen und sehen dann meinen Mischmasch aus Sentimentalität und Kunstgewerbe. In diese meine präzisen ästhetischen Überlegungen hinein platzt die Frieda mit dem Ruf: Wie weit bist du? Um sechs Uhr ist Bescherung!

Das schaffe ich nicht, rufe ich zurück, ich kann ja den Baum nicht übers Knie brechen.

Wir haben zu Hause, sagt die Frieda, immer um sechs Uhr die Bescherung gehabt.

Wir haben die Bescherung, sage ich, immer um halb acht gehabt.

Wir haben sie um sechs gehabt, sagt die Frieda.

Um sechs Uhr schon Bescherung, sage ich, warum dann nicht schon gleich um vier oder im Oktober. Wir haben die Bescherung immer um halb acht gehabt, manche Leute haben ja die Bescherung erst am anderen Morgen.

Und wann sollen wir essen? fragt die Frieda.

Nach der Bescherung, sage ich.

Also um 9.00 Uhr, sagt die Frieda, bis dahin sind wir ja verhungert. Wer hat übrigens das Marzipan gegessen, das hier auf der Truhe lag?

Ich nicht, ruft die kleinere Frieda aus der Küche.

Also, sagt die Frieda, also, wenn du jetzt nicht den Baum in einer Viertelstunde fertig hast, dann könnt ihr euch eure Bescherung sonst wo hin stecken!

Vielleicht fängt schon mal einer an zu singen, sage ich, desto leichter geht mir der Baum von der Hand. Und alle ästhetischen Überlegungen nun über den Haufen werfend, überschütte ich den schönen Baum mit allem, was wir haben, so dass man schließlich vor lauter Glanz und Gloria keinen Baum mehr sieht, und die Frieda kommt herein und sagt: Nun hast du's ja doch wieder so gemacht wie im vorigen Jahr, das nächste Mal schmücke ich den Baum!

Ja, sage ich, wenn ihr mir keine Zeit lasst, dann kann natürlich kein Kunstwerk entstehen.

Nun steh hier mal nicht im Weg, sagt die Frieda, geh jetzt mal raus, ich muss nämlich jetzt hier die Geschenke packen und aufbauen!

Ja, wo soll ich denn hingehen, frage ich, darf ich vielleicht ins Wohnzimmer?

Nein, ruft da meine Schwägerin, die inzwischen eingetrudelt ist! dass mir keiner ins Wohnzimmer kommt, ich bin noch nicht fertig. Und in die Küche darf ich auch nicht, da bastelt nämlich die kleine Frieda noch an diesen entzückenden Kringelschleifchen für jedes Päckchen herum.

Die Frieda kommt aus dem Christbaumzimmer und sagt: Augen zu! Ich halte mir die Augen zu und sage: Ins Bad nur über meine Leiche, da hab ich nämlich *meine* Geschenke versteckt!

Und so geht das die ganze nächste halbe Stunde: Dreh dich mal um, guck nur nicht unter den Teppich, wer hat den Schlüssel vom Kleiderschrank, ich brauche noch geschmackvolles Weihnachtspapier, der Klebestreifen ist alle, willst du wohl von der Tür da weggehen, such lieber mal die Streichhölzer, meine Mutter hat das alles alleine gemacht, das ist gemein, du hast geguckt, die paar Minuten wirste wohl noch warten können.

Bis es dann endlich soweit ist, aber selbst dann kommt bei uns keine Ordnung zustande, dann heißt es nämlich: Wer packt zuerst aus? Du! Nein, ich nicht, zuerst das Kind, dann du. Nein, du dann. Wieso ich? Also, dann du und dann ich. Ich zuletzt, bitte.

Nun werden Sie vielleicht fragen, mit Recht fragen:

Wird denn bei Ihnen gar nicht gesungen, wird denn bei Ihnen nur eingepackt und ausgepackt?

Doch, doch natürlich eine Strophe wird schon gesungen, aber dann fällt das Singen meist auseinander. Aber, wissen Sie, beim Einpacken und Auspacken, da sind wir alle so nervös und verlegen! Dabei merkt man die Liebe und den Frieden und den Menschen ein Wohlgefallen viel stärker als beim Singen. Und auch der Baum, der kann dann sein, wie er will, groß oder klein, dürr oder dicht, bunt oder schlicht, die Frieda sagt dann jedes Mal – auch dieses Mal wieder: Also der Baum... also, der Baum... der Baum ist wunderschön!!

HANNS DIETER HÜSCH

46. LIEBE TANTE BILLA!

Hinweis: Folgender Brief wurde aus einer Mundart (»Kölsche Weihnacht«) ins Hochdeutsche übersetzt. Diese Berichte leben aber von der Mundart. Darum wäre es richtig, diese Vorlage jetzt in die jeweilige Mundart »zu übersetzen« und so vorzutragen.
Hinführung: Gerade in der Hektik vor Weihnachten gibt es Spannungen, die wir jetzt – aus einem gewissen Abstand heraus – mit Schmunzeln zur Kenntnis nehmen dürfen. Wir hören von einem Brief an Tante Sibille:
Vorlesedauer: ca. 4 Minuten.

Liebe Tante Billa,

Fröhliche Weihnachten! Auch von der Mutter und vom Vater und von dem Mariechen.

Aber, wenn du es genau wissen willst: Es ist bei uns noch gar nicht heraus, ob wir Heiligabend überhaupt Heiligabend feiern können oder ob wir nicht die ganzen Weihnachtsfestlichkeiten noch in der letzten Sekunde verlegen müssen.

Das ist nämlich so: Was sich unsere Krippe nennt, das ist ein Mordsapparat und unheimlich schwer. Das erfordert jedes Jahr eine Menge Umstände, bis wir das Ungetüm aus dem Keller auf die dritte Etage geschleppt haben. Und gestern haben wir uns den ganzen Salat dann eingebrockt: Wir mit alle Mann runter in den Keller, wo wir die Krippe in einem Schrank mit Eingemachtem stehen haben. Der Vater ist auf die Briketts geklettert, die Mutter hat sich in die Kartoffelkiste gestellt, damit sie überhaupt an die Krippe herankommt.

Aber der Vater ist auf den Briketts ins Rutschen gekommen und da hat die Mutter auf einmal ganz allein die Verantwortung für den ganzen Stall von Bethlehem gehabt – mit all den Hirten, Schafen, dem Ochs und dem Esel und den Heiligen Drei Königen. Das war zuviel für Mutter und wir haben uns ganz schön anstrengen müssen, bis wir die Mutter, die Krippe und die ganzen Leute und das ganze Viehzeug wieder aus der Kartoffelkiste heraus hatten.

Das Ende vom Lied: Die Mutter hatte ein paar Schrammen abbekommen, der Stall von Bethlehem war auf einer Seite baufällig, und der einzige Hirt, der hatte den Kopf verloren. Wir haben drei Zentner Kartoffeln durchgewühlt, aber gefunden haben wir nichts mehr. Jetzt ging es los: Der Vater sagt, eine Krippe bloß mit Schafen ohne Hirt, das ginge nicht. Das wäre gegen jede Tradition. Und ein Hirte ohne Kopf beim Christkind, das ginge überhaupt nicht. Einen neuen Hirten anschaffen, ginge auch nicht, weil die ganzen Figuren aus Gips und uralt wären. Und so was könnte man nicht mehr bekommen.

Jetzt sage mir bloß, liebe Tante Billa, wo man zwei Tage vor Weihnachten noch einen neuen Kopf für einen Hirten bekommt?! Hat Mutter auch gesagt. Also, sagt Mariechen, machen wir eine Krippe bloß mit Tieren ohne Hirt. Da war die Mutter wieder gegen: das wäre typisch für die Jugend von heute, die keine Ahnung hat von Ackerbau und Viehzucht. Schafe ohne Hirt, hat die Mutter gesagt, gingen laufen. Und eine Krippe müsste echt sein, sonst wäre das eine Beleidigung für das Christkind.

Also, sagt der Vater, dann köpfen wir einen von den Heiligen Drei Königen, machen den Kopf auf den Hirt, gehen dann am zweiten Weihnachtstag noch einen im Keller suchen, köpfen dann den Hirt mit dem Königskopf, und bis Dreikönige hätten alle wieder den richtigen Kopf aufgeleimt. Hat die Mutter drauf gesagt: Das ginge nicht, weil die Könige eine Krone auf dem Kopf hätten. Und ein Hirt mit einem Kopf mit einer Krone drauf, das wäre unsozial. Sagte der Vater: Das wäre nicht so schlimm, man könnte gut mit Schmirgelpapier die Krone abmachen und dann hätte eben der Hirt mit dem Königskopf eine Glatze.

Die Mutter hat aber Bedenken gehabt: Was passiert, sagt die Mutter, wenn wir in der Kartoffelkiste den richtigen Kopf vom Hirten wiederfinden und der König dann seinen Kopf wieder bekommt, der aber keine Krone mehr hat? – Das wäre wirklich ein Problem, hat der Vater gesagt. Da hat Mariechen gesagt, wir könnten dem König doch gut eine Krone aus Lametta zusammenbasteln.

Haben wir dann auch getan. Das war vielleicht eine schwierige Arbeit! Aber es klappte nicht: Jedes Mal, wenn wir die Tür vom guten Zimmer aufmachen, geht die Krone vom Kopf des Königs fliegen, weil der Kleister nicht hält. Und jetzt ist der Vater so sauer, dass er gesagt hat: Es wird nicht eher bei uns Heiligabend gefeiert, bis das Problem mit dem Kopf gelöst wäre. So, wie ich das kenne, kann das noch ein paar Tage dauern, weil die Mutter gesagt hat, der Vater habe zwei linke Hände. Warten wir also einmal ab. Dann wünsche ich dir auf jeden Fall schon mal frohe Weihnachten und einen schönen Gruß

Dein Anton.

P.S.: Gerade haben die sich geeinigt, dass ich den ganzen Schlamassel schuld bin, weil ich zu früh »Hauruck« gebrüllt habe.

47. Grad' uff Weihnachte

Hinführung: Wir hören von einem Mann aus einem sozial schwachen Milieu, der unbedingt Weihnachten Zuhause und nicht im Gefängnis sein will und dafür alle Hebel in Bewegung setzt.
Vorlesedauer: ca. 8 Minuten.

Um 7 Uhr früh klingelte das Telefon, und die vertraute Stimme eines mir bekannten Polizeibeamten entschuldigte sich für die Störung: »Wir wissen nicht, was wir tun sollen. Die Polizei hat seit zwei Wochen von der Staatsanwaltschaft den Auftrag, Bernhard J. abzuholen und in der Vollzugsanstalt abzuliefern. Er ist mehreren Ladungen zum Strafantritt nicht gefolgt, also bekamen wir den Auftrag, ihn abzuholen. Wir haben es während der Woche mehrfach versucht, aber Bernhard J. hatte sich immer rechtzeitig vorher davongemacht. Offenbar hat immer einer von seiner großen Familie vorn am Fenster aufgepasst, und wenn die Polizei kam, ist Bernhard J. hinten zum Haus oder durch Zwischentüren und Hinterhöfe bei den Nachbarn hindurch entwischt. Da haben wir es nun am Sonntagmorgen ganz früh versucht und ihn – wie geahnt – auch angetroffen. Aber Bernhard J. wohnt im 1. Stock einer lang gestreckten Baracke, und man erreicht seine Wohnung nur über eine Holzveranda, die sich die ganze Baracke im 1. Stock an den Wohnungen entlang zieht. Als Bernhard J. uns kommen sah, hat er sich in der Wohnung verbarrikadiert. Da haben wir die Feuerwehr geholt. Die ist mit Leitern über die Balustrade der Veranda gestiegen, und die Wohnungstür wurde gewaltsam geöffnet. Nun hat sich Bernhard J. mit seiner ganzen Familie ins Schlafzimmer zurückgezogen. Er steht hinter dem Kleiderschrank, hat eine Rasierklinge und droht, seine Familie und sich umzubringen, wenn einer von den Beamten näher kommt. Er verlangt, die Frau Just-Dahlmann soll kommen. Ich weiß ja nicht«, sagt der Beamte und zögert ein wenig, »ob Sie ...«

»Ich komme, ich komme«, sage ich, »in 20 Minuten bin ich da.« *Bernhard J.*. Sicher hat er wieder mal den Leuten Dächer gedeckt, an denen nichts zu »decken« war und hat dafür eine Strafe bekommen und soll die nun absitzen. Bernhard J. wohnt am Rande des Mannheimer Barackenviertels in einer der so genannten »besseren« Baracken. Im Gegensatz zu den eigentlichen kleinen Holzbaracken im Inneren dieses Viertels handelt es sich hier um lang gezogene Steinbauten mit jeweils mehreren Wohnungen, die man – wie schon erwähnt – über eine Holzveranda erreicht, zu der eine Treppe hochführt. Das gesamte Barackenviertel gehörte 14 Jahre zu meinem staatsanwaltschaftlichen Zuständigkeitsbereich. Außerdem gehöre ich seit langem einer Arbeitsgemeinschaft »Sozialer Brennpunkt« an, die sich der Probleme der Bewohner dort angenommen hat. So kenne ich fast alle Familien, und die Familien kennen mich. Und manche Nacht schon rief jemand an – zum Beispiel Frau J., die Ehefrau von Bernhard J., die aufgeregt und weinend ins Telefon rief: »Der Bernhard schteht bsoffe vor de Dier und schreit. Ich hab' so Angscht, ihn noi zulasse. Kenne Sie net kumme un den beruhiche?« …

Heute Morgen also kam ich an. Polizei, Feuerwehr, die Nachbarn waren zusammengelaufen, alles blickte hoch zur Veranda, wo sich nichts rührte.

Zwei Beamte erwarteten mich, wir kletterten die Holztreppe zur Veranda hoch, traten in die Wohnung, ich öffnete die Schlafzimmertür. Es bot sich ein skurriles Bild:

Bernhard J. hatte offenbar die gesamte Großfamilie alarmiert: Seine Frau, zwei Schwägerinnen, vier Kinder und eine Großmutter standen an die Wände gedrückt in einem Zimmer, das durch ein Ehebett fast völlig ausgefüllt war. Das Bett war mit einer rüschenbesetzten rosa Decke überzogen, und mitten darauf saß ein kleiner Hund, ein Pekinese, und betrachtete mich neugierig mit seinen schwarzen Knopfaugen. Hinter dem Kleiderschrank aber lugte der rotbäckige, schwarzgelockte Kopf von Bernhard J. hervor, und als er mich erblickte, rief er erst einmal mit lauter Stimme: »Die Bulle bleiwe avver drausse!« Die beiden Beamten blickten sich und mich zweifelnd an. Ihr Problem schien nicht kleiner geworden zu sein: Während sie bisher nur ein Blutbad unter der Familie J. zu vermeiden gesucht hatten, sollten sie nun auch noch die Verantwortung für mich einem rasierklingenbewaffneten Mann überlassen. »Bleiben Sie an der Tür«, konnte ich sie beruhigen, »Bernhard J. und ich kennen uns schon so lange und so gut, dass nichts passiert.« Die beiden blieben also – bestimmt mit gemischten Gefühlen und sehr wachsam – im Türrahmen stehen, und ich verschwand hinter dem Kleiderschrank.

Und dann begannen wir zu flüstern – der Bernhard J. und ich. Während die anwesenden Frauen – wie auf Bestellung – zu jammern und zu weinen begannen und die Kinder an den Rockschößen ihrer Mütter zerrten, während die beiden Beamten im Türrahmen wachten und das kleine Hündchen jetzt auf dem Bett herumhopste, flüsterte ich Bernhard J. ins Ohr: »Herr J., was machen Sie denn hier für'n Zirkus? Jetzt werden Sie doch vernünftig, sonst nehmen die Sie noch mit nach Wiesloch. Was ist denn nur los hier?« (Wiesloch ist das für Mannheim zuständige Psychiatrische Landeskrankenhaus.) Bernhard J. beugte sich zu meinem Ohr und flüsterte zurück: »Frau Dahlmann, die wolle mich ins Landes schaffe; grad' jetzt uff Weihnachte. Das geht doch net! Moi Kinder un mei Fra, die hänge doch so an ihrem Vadder. Frau Dahlmann, ich bring' mich noch um, grad' jetzt uff Weihnachte…«

»Herr J.«, flüsterte ich zurück, und der Angesprochene neigte sein Ohr zu meinem Mund, »Herr J., würden Sie denn auch freiwillig kommen, wenn wir die Ladung nach Heilig-Drei-König schicken?« Bernhard J. hielt die Rasierklinge zwischen Zeigefinger und Daumen in der rechten Hand, den kleinen Finger leicht abgespreizt, und ich überlegte, was die beiden Polizeibeamten wohl von dem Geflüster hinter dem Kleiderschrank dachten. Derweilen wisperte Bernhard J. mir ins Ohr: »Ganz sicher wer ich kumme. Bestimmt, Frau Dahlmann, Sie kenne sich doch uff mich verlosse!«

»Das muss ich, Herr J.«, sagte ich, »denn wenn Sie Ihr Wort

nicht halten und ich hab alles abgeblasen, weil ich Ihnen getraut hab, wie steh ich dann da auf meiner Staatsanwaltschaft? Dann lachen mich doch da alle aus, weil ich so blöd war und hab dem Bernhard J. geglaubt, wo dem doch so langsam schon niemand mehr glaubt? Wie steh ich denn da?« – Bernhard J. neigte seinen Mund zu meinem Ohr: »Ich loss Sie doch net sitze, Frau Dahlmann, Sie kenne mich doch…«

»Eben«, sagte ich, »und darum bin ich nicht so sicher…«

»Ehrenwort«, flüsterte Bernhard J. und nahm die Rasierklinge in die linke Hand, »ich geb Ihne mei Ehrenwort.« Wir reichten uns die Hand – hinterm Kleiderschrank –, und nun wollte ich als Siegel auf den Bund die Rasierklinge. Bernhard J. lachte nun wieder, die Klageweiber stellten ihr Jammern ein, die Knopfaugen des Hündchens blickten gespannt vom rosaroten Bettbezug her auf uns. Bernhard J. fummelte hinter seinem Rücken herum, und dann reicht er mir die Rasierklinge. Die Rasierklinge? Ich sah sie mir an und stellte fest, dass ich nur die Hälfte einer Klinge in der Hand hatte, der Länge nach durchgebrochen. »Herr J., das können Sie doch mit mir nicht machen. Erst großes Ehrenwort, und dann das. Was soll ich davon halten?« Bernhard J. grinste fröhlich und rückte die zweite Hälfte auch noch heraus.

Ich verließ mein Schrankversteck und gab den Beamten die zweigeteilte Klinge. »Auf, gehen wir heim«, sagte ich, »mit der Staatsanwaltschaft erledige ich die Sache morgen.« Die Beamten lachten und sagten: »Schönen Dank.« Die Polizei fuhr ab, die Feuerwehr fuhr ab, die Nachbarn verkrümelten sich in ihre Häuser. Die zum Klagen alarmierten Schwägerinnen eilten zu ihren Sonntagsbraten, Bernhard J. umarmte Frau und Kinder, das Hündchen tobte durch die Wohnung und kläffte. »Auf Wiedersehen, Herr J.! Also am 7. Januar. Alles klar?« Auch ich stieg ins Auto und erinnerte mich, dass heute Sonntag war. Und während ich abfuhr, winkten sechs Personen von der Veranda, und eine Stimme rief: »Am 7. Januar! – Ehrenwort!«

Barbara Just-Dahlmann

47. Grad' uff Weihnachte

48. Merkwürdige Gäste an der Krippe

Hinführung: Viele fanden damals zur Krippe. Könnten nicht auch Kinder unserer Tage – zeitversetzt – den Weg dorthin wagen?
Vorlesedauer: ca. 4 Minuten.

Kaum hatten die Hirten den Stall in Bethlehem verlassen, näherten sich drei merkwürdige Gestalten der Krippe. Einige Bewohner von Bethlehem, die das Treiben bemerkt hatten, verfolgen alles neugierig mit ihren Blicken.

Die erste Gestalt trug ein buntes Flickenkleid und war wie ein Clown geschminkt, aber unter der lustigen Maske wirkte sie sehr traurig. Sie beugte sich über die Krippe und strich dem Kind zärtlich übers Haar. Da huschte ein leises Lächeln über ihr Gesicht. »Ich bin die Lebensfreude«, sagte sie, »aber die Menschen haben das wirkliche Leben verlernt; sie sind traurig geworden bis ins Herz hinein. Vielleicht, weil sie das Danken verlernt haben; weil sie alles für selbstverständlich halten; aus diesem Vergessen aber wird Gleichgültigkeit geboren; und aus der Gleichgültigkeit wächst irgendwann Verzweiflung.« Sie zog ihr Flickengewand aus und deckte das Kind damit zu. »Darum ist es kalt geworden in dieser Welt. Möge mein buntes Kleid dich wärmen. Schenke den Menschen wieder die wirkliche Lebensfreude zurück!«

Dann trat die zweite Gestalt vor. Wer genau hinsah, bemerkte ihren gehetzten Blick und ihre Eile. Erst vor dem Kind in der Krippe entspannen sich die Züge. »Ich bin die Zeit«, sagte die Gestalt und strich dem Kind zärtlich über die Wange, »aber zu viele haben keine Zeit mehr. Sie meinen, die Zeit vergehe im Fluge. Doch die Menschen haben das große Geheimnis vergessen: Zeit vergeht nicht, sie entsteht – wie eine Blume, wie ein Baum. Zeit trägt den Keim der Ewigkeit in sich; sie wächst überall dort, wo man sie mit anderen teilt.« Dann griff die Gestalt in ihren Mantel und legte ein Stundenglas in die Krippe. »Diese Sanduhr schenke ich dir. Du wirst nicht allzu viel Zeit haben. Aber teile sie mit den anderen, und sie wird nie vergessen werden.«

Dann kam die dritte Gestalt näher. Ihr Gesicht war einmal sehr schön gewesen, aber jetzt wirkte es geschunden und verquollen, als ob sie immer und immer wieder geschlagen worden wäre. Als sie sich aber über das Kind beugte, um es zärtlich über das ganze Gesicht zu streicheln, da war es, als heilten die Narben und Striemen, die ihr das Leben zugefügt hatte. »Ich bin die Liebe!« begann sie zu sprechen. »Es ist nicht leicht, an die Liebe zu glauben, wenn ein anderer Mensch 10, 20, 30 Jahre mit dir gegangen ist und sich dann einer anderen Person zuwendet. Es war doch versprochene ewige Liebe, die aus der Treue geboren wird; aber schließlich verkümmert alles zum Rechenexempel. Zurück bleiben Narben, die nicht verheilen wollen.« Drei dicke Tränen tropften auf das Kind. »Ich schenke sie dir!« sagte die Liebe. »Sicherlich liegt Enttäuschung in ihnen, aber auch eine ungeheure Kraft: wie Wasser, das den Stein schleifen kann; wie Regen, der Wüsten wieder zum Blühen bringt.«

Jetzt knieten die Lebensfreude, die Zeit und die Liebe vor dem Kind in der Krippe. Es schaute die drei an, als ob es verstanden hätte.

Plötzlich stand die Liebe auf und drehte sich zu den Menschen, die im Hintergrund warteten. Sie zeigte auf das Kind und sprach: »Dieses Kind wird zu einem leuchtenden Stern, der alles andere in den Schatten stellt. Man wird es zwar zum Narren machen, und alle, die ihm nachfolgen, werden ausgelacht. Aber es wird den Menschen die Lebensfreude zurückgeben, eine Freude, die über den Tod hinausreicht. – Sie werden es um seine Lebenszeit bringen, aber es wird die Zeit bis zuletzt mit den Menschen teilen. – Und weil es die Liebe bis in den Tod beweist, wird die Welt nie mehr so sein wie früher.«

Dann rief die Liebe den Menschen im Hintergrund noch etwas lauter zu: »Wer sich dem Licht dieses Kindes anvertraut, der braucht keine Finsternis zu fürchten!«

NACH ULRICH PETERS

48. MERKWÜRDIGE GÄSTE AN DER KRIPPE

49. Der Stein des Eseltreibers

Hinführung: Mit einem Stein in der Hand können wir andere verletzen. Aber wer dem Kind in der Krippe wirklich begegnet, kann verhärtete Stellen des Herzens ablegen.
Vorlesedauer: ca. 6 Minuten.

Hätte ich nur meinen Stein noch. Am liebsten würde ich alles kaputtschlagen. Dieses Gasthaus, das für unsereinen keinen Platz hat. Den Schuppen, wo ich übernachtete und fror. Den Stall, ja, den Stall auch. Weil dort der Esel steht. Mein Esel. Dieser verdammt kluge Esel, der glaubt, er könnte mich belehren. Dabei ist er nichts anderes als ein unwissendes Vieh, eine erbärmliche Kreatur, die sich nicht mal wehrte, wenn ich sie schlug oder ihr einen Tritt versetzte.

Es ist wahr, mitunter tat der abgelebte Bursche, dessen Fell voller Schorf und Narben ist, mir leid. Konnte ich dafür, dass der Aufseher mich antrieb? Dass er die Peitsche über mir schwang wie ich den Stecken über dem Esel? Na, und weshalb tat er das, der Aufseher? War er ein Unmensch? Zuzeiten konnte er recht gemütlich sein, doch er hatte den Oberaufseher über sich und dieser wiederum den Oberoberaufseher und der den Allerobersten. Was bedeutet da schon, frage ich, ein Eseltreiber, wo es so viele Aufseher gibt?

Dabei habe ich von Herrn Abamoth noch gar nicht gesprochen, von ihm, dem alle Aufseher und Oberaufseher blind gehorchen. Herr Abamoth, ist er nicht fast so mächtig wie der liebe Gott? So streng, so allwissend, so weit entfernt? Oh, wie ich ihn hasse!

Hätte ich nur meinen Stein noch, den flachen, dreikantigen Stein, den ich aufhob, als Herr Abamoth mich vom Hof jagte.

Jawohl, das hat er getan. Ohne Grund sozusagen, denn ich trank nicht, ich stahl nicht, ich hatte kein vorlautes Maul, nein, ein Eseltreiber bin ich gewesen wie jeder andere; und einen demütigen Augenaufschlag, wenn es nötig war, hatte ich auch.

Nur dieser mein Esel, er war ein anmaßender, übermäßig lauter Esel! Er schrie. Er schrie immer, ob ich ihn schlug oder nicht. Ich denke, es machte ihm einfach Spaß zu schreien. Vielleicht kam er sich gar vor wie einer, der etwas Wichtiges zu verkünden hat – kurz und gut, dem Herrn Abamoth war das laute Wesen nicht angenehm. Er sagte: »Dieser Esel schreit mehr, als einem Esel erlaubt ist. Das stört mich.«

Was wollte ein jämmerlicher Mensch wie ich da erwidern? »Herr«, sagte ich, »ein guter Esel, der viel schreit. Womöglich ist es Gottes Stimme, und Ihr solltet nicht taub sein, wie Bileam, der Prophet, der auf seinen Esel nicht hören wollte. –«

Das war, mit Verlaub, etwas großspurig geredet, doch musste Herr Abamoth deshalb gleich in Zorn geraten? Die Ader schwoll ihm auf der Stirn. »Fort mit dem Esel!« schrie er. »Und der Treiber Joel, der die Hoffart des vorwitzigen Esels entschuldigt, mag gleichfalls zum Schinder gehen!« Dieser Joel war ich, versteht ihr?

Joel nahm also den Esel beim Halfter, und beide gingen von Herrn Abamoths Hof. Vorher aber hob Joel den Stein auf und steckte ihn in die Tasche. Man kann ihn auch in die Faust nehmen, den Stein. Man kann ihn durch die Luft schleudern, aus fünf Schritt Entfernung. Und er ist härter als Herrn Abamoths glatter, haarloser Schädel. Das wusste Joel. Jedenfalls bis gestern. Gestern besaß Joel den Stein noch. Er hütete ihn wie seinen Augapfel, denn Rache ist süß, sagt man. Joel wollte sie kosten. Er wollte diesem Herrn Abamoth zeigen, wo der Schinder wohnt. Und ein Recht dazu hatte er doch?

Oh, dieser Joel, wäre er bloß nicht in den Stall gegangen! Daran ist niemand sonst als der Esel schuld. Wieso, fragt ihr? Nun, ich hatte das Tier dort angepflockt, damit es ein Dach überm Kopf hätte. Ich selber schlief nebenan im Schuppen. Aber der Esel hörte nicht auf zu schreien. Genügte das Stroh ihm nicht? Oder was hatte er sonst für eine unausstehliche Neuigkeit?

Jedenfalls, Joel ging in den Stall. Und der Esel sagte: »Kommst du endlich, du Muffel?« Muffel nannte er mich. Das tat er stets, wenn er böse auf mich war. Das heißt, reden kann der Esel natürlich nicht, doch ich verstehe ihn. Wir leben ja länger als zehn Jahre zusammen.

»Siehst du nicht, was hier los ist?« fragte der Esel.

Ich sah zwei arme, landfahrende Leute, die im Stall untergekommen waren, ein Weib und einen Mann. Kann nicht weit her sein mit denen, dachte ich, sonst hätten sie das Kind woanders zur Welt gebracht.

Es ist wahr, das Neugeborene sah ich auch. Es weinte, und ich wusste nicht, was tun, denn ich bin noch nie ein Kindernarr gewesen.

»Na, mach schon«, sagte der Esel. Er wollte partout, dass ich die Krippe in Ordnung brächte. Sie wackelte, die Krippe. Das eine Bein war zu kurz, deshalb konnte das Kind nicht schlafen. »Leg was unter!«, sagte der Esel. Oder hatte ich das selber gedacht?

Ich blickte mich im Stalle um. Es war ziemlich dunkel. Der Mann, der sich Josef nannte, mochte nicht mehr Öl genug in der Laterne haben.

»Greif doch in die Tasche, du Muffel«, sagte der Esel.

Ich griff in die Tasche, das hätte ich sowieso getan. Wenn man etwas braucht, sucht man zuerst bei sich selber, nicht wahr? Doch in der Tasche war nichts. Nur der Stein. Und der Esel nickte befriedigt, als ich den Stein unter das kurze Krippenbein legte. Er passte genau.

Offen gestanden, ich hatte einen unmäßigen Zorn. Nicht, dass ich den fremden Leuten gram gewesen wäre, nein, sie waren womöglich ebenso schlimm dran wie ich, allein auf der Landstraße, ohne Dach. Auch, dass das Kind in der Krippe nun schlafen konnte – alles in Ordnung. Aber was sollte ich ohne den Stein? Gewiss, Steine gibt es genug im Feld, doch dieser eine, den ich in Herrn Abamoths Hof aufhob, lag er mir nicht scharf und griffig in der Hand? Ein Stein, wie für mich gemacht. Was also hatte der Esel gemeint?

Er schwieg. Wollte er, dass ich den Zorn vergesse? Kann ich das? Und, wenn ich Herrn Abamoth den Schädel nicht einschlage, wer soll dann für Gerechtigkeit sorgen in der Welt?

Rudolf Otto Wiemer

50. Das schönste Weihnachtsgeschenk

Hinführung: Wir schenken zu Weihnachten oft nur äußere Dinge. Aber anrühren kann nur, was von innen kommt. Zeit haben gehört dazu.
Vorlesedauer: ca. 6 Minuten.

Ein kalter Wind fegte durch die Straßen und Gassen von Altenhof und ließ hier und da den spärlichen Schnee aufwirbeln. Die heftigsten Böen verfingen sich in den goldenen Weihnachtsgirlanden, die den kleinen Marktplatz überquerten und zerrten und zurrten an ihnen. Es war später Heiligabendmittag, und es dämmerte bereits. Die wenigen Menschen, die jetzt noch unterwegs waren, beeilten sich, nach Hause zu kommen.

Überall erleuchtete warmes Licht die Fenster. Auch aus der Polizeiwache am Marktplatz fiel ein Lichtschein auf die Straße. Verbrecher und Straftäter nahmen auf Weihnachten keine Rücksicht; so war die Dienststelle auch heute besetzt.

Drinnen saßen zwei Polizisten, stumm über Akten gebeugt. Plötzlich durchbrach das schrille Klingeln des Telefons die Stille. Wachtmeister Fritz Langer nahm den Hörer ab.

»Polizeidienststelle Altenhof, guten Abend. Wer spricht bitte?«

Einen Moment lauschte er in den Hörer.

»Ja, ich komme sofort«, erwiderte er und legte den Hörer auf. »Das war die Tankstelle unten an der Ausfallstraße. Die haben einen Jungen beim Diebstahl von Cola-Dosen geschnappt. Ich fahr hin und hol das Bürschchen her.«

Oberwachtmeister Hermann Stöcker nickte. Es geschah immer häufiger, dass junge Leute etwas aus Läden mitgehen ließen. Unverständlicherweise war Ladendiebstahl in deren Köpfen ein Kavaliersdelikt.

Eine halbe Stunde später war Langer wieder da. Mit einem verlegenen Gesicht zog er einen halbwüchsigen Jungen hinter sich her. Als die beiden ins Licht traten, blieb Stöcker fast das Herz stehen.

»Du?«, fragte er völlig fassungslos und trat einen Schritt zurück. »Du?!«, rief er nochmals, diesmal lauter.

Vor ihm stand sein eigener Sohn Ralf. Stöcker ließ sich auf seinen Stuhl fallen. Kollege Langer zog sich diskret in einen Nebenraum zurück. Das sollten die beiden unter sich ausmachen. Eine Ewigkeit sahen sich Vater und Sohn stumm an: der Junge mit einem hochmütigen Blick, als freue er sich an dieser unerhörten Situation; der Alte mit ungläubigem Entsetzen. Dann räusperte sich Stöcker.

»Warum hast du... ich meine wieso?« »Ich hatte Durst.«

»Wir haben genug zu trinken zu Hause.«

»Aber keine Cola.« »Cola ist ungesund.« »Ich hatte Durst auf etwas Ungesundes.« »Und dann gehst du einfach in die Tankstelle, stiehlst die Dosen und findest das wohl noch richtig, was?«

»Es war die einzige Gelegenheit, einen Termin bei dir zu bekommen.«

»Was soll das heißen, einen Termin? Ich bin dein Vater. Wenn du etwas zu sagen hast, dann sag es mir zu Hause.«

»Das kann ich leider nicht. Du bist nie da. Du schiebst hier deinen Dienst, machst laufend Überstunden, kommst jeden Tag erst nach Hause, wenn ich schon im Bett liege. Selbst heute, am Heiligabend, sitzt du hier. Du hast mehr Zeit für deine Verbrecher als für mich.«

Der hochmütige Ausdruck auf Ralfs Gesicht verflog und darunter erschien ein verletztes Kindergesicht. Den Tränen nahe, fügte er noch hinzu: »Ich bin dir doch völlig egal!«

Stöcker war wie vom Donner gerührt. Er versuchte die Hand seines Sohnes zu ergreifen, aber Ralf zog sie wie elektrisiert zurück.

»Aber Junge, das stimmt doch nicht! Du bist mir doch nicht egal! Aber ich muss hier meine Pflicht erfüllen. Die Pflichterfüllung ist ein wichtiger Bestandteil unseres...«

»Hör auf zu predigen, Vater. Ich bin keiner deiner Untergebenen. Ich kann das Wort Pflichterfüllung nicht mehr hören. Wie steht es denn dann mit der Pflicht des Vaters dem Sohn gegenüber. Der Pflicht, für den Sohn da zu sein?«

»Es ist doch keine Pflicht für mich, dein Vater zu sein.«

»Doch, eine lästige sogar. Warum sonst ist es dir völlig gleich, was ich tue?«

Bleischwer legte sich wieder Stille über die beiden. Ralfs Worte hatten Stöcker bis ins Mark getroffen. Machte er wirklich diesen Eindruck auf seinen Sohn? Je mehr er über Ralfs Worte nachdachte, umso mehr musste er ihm Recht geben.

Als vor drei Jahren seine Frau gestorben war, hatte sich Stöcker vor lauter Gram in die Arbeit gestürzt und dabei Ralf vernachlässigt. Vor lauter Selbstmitleid hatte er vergessen, dass nicht nur er, Stöcker, seine Liebe verloren hatte, sondern Ralf auch die Mutter.

Stöcker stand auf und holte seinen Mantel.

»Fritz«, rief er seinem Kollegen zu, »ich gehe jetzt nach Hause. Weihnachten feiern mit meinem Sohn!«

Dann drehte er sich zu seinem Jungen. »Vorausgesetzt, du möchtest mit mir Weihnachten feiern.«

Die Augen des Jungen glänzten auf.

»Ja, das möchte ich.«

Sie traten beide auf die dunkle Straße. Als Stöcker diesmal nach der Hand seines Sohnes griff, zog er sie nicht weg.

Zu Hause schmückten sie den Weihnachtsbaum und zündeten die Kerzen an.

Dann fingen sie an zu reden. Stöcker erzählte von sich, und Ralf sprach über sein Leben. Sie sprachen bis tief in die Nacht hinein. Als alles gesagt war, nahm Stöcker Ralf in den Arm.

»Ich verspreche dir, dass alles anders wird. Ich bin froh, dass du mir die Augen geöffnet hast. Die Vergangenheit ist vergangen. Wir schauen jetzt in die Zukunft. Versprech du mir aber, nie wieder so einen Unsinn zu machen.«

Das versprach Ralf seinem Vater gerne. Und Stöcker wusste, dass sein Sohn ihm trotz allem das schönste Weihnachtsgeschenk gemacht hatte.

Beate Fleck

51. Das Opfer

Hinführung: Wer einen dienenden Beruf ausübt, muss manchmal die Familie hintenan stellen. Wir hören von einem Grenzfall, den nur der verstehen kann, der weiß, was Liebe ist.
Vorlesedauer: ca. 10 Minuten.

Die beiden Berufskollegen schauten Dr. Brunoy mitleidig an: »Leider sind die zwei Serum-Einspritzungen ohne Erfolg geblieben, aber auf jeden Fall wird Ihr Kind nichts zu leiden haben.«

Sie hüllten sich in Decken. Einer schaute auf die Uhr, um auszurechnen, wann der Schlitten sie in die Stadt zurückbringen würde, um zum schönsten Familienfest noch rechtzeitig Zuhause zu sein.

Dr. Brunoy kehrte ins Haus zurück. Er trat ans Bett seines sterbenden Kindes. Wie viele Kinder hatte er in diesem einsamen Tal schon mit Serum-Einspritzungen und dem Luftröhrenschnitt von der Krankheit der Diphterie geheilt, nur seinem eigenen Kind sollte er nicht helfen können? Seine Frau saß über das Bettchen geneigt, hielt die Hand des Kleinen und sprach ihm zärtlich zu. Als sie ihren Mann kommen hörte, sagte sie leise: »Er stirbt!«

»Wir können nichts als warten…« meinte er, setzte sich ihr gegenüber und sah, wie der Atem des Kindes schwächer und schwächer wurde.

Um achtzehn Uhr, es war schon dunkel, öffnete das Dienstmädchen vorsichtig die Tür und sagte: »Ein Mann aus Roselande ist da; er möchte den Doktor sprechen!«

»Ich will niemand sehen!« Nach kurzer Zeit kam das Mädchen wieder zurück und sagte: »Er weigert sich zu gehen, er will Sie unbedingt sprechen.« Da verließ Dr. Brunoy das Zimmer, um den aufdringlichen Besucher selbst fortzuschicken.

»Ah, Ihr seid es, Rivaz, was wollt Ihr?« fragte Dr. Brunoy. Der Bauer antwortete: »Mein Kind ist krank.«

»Ich werde morgen früh kommen«, beschied der Arzt. Aber Rivaz schüttelte den Kopf: »Ohne Sie wird er die Nacht nicht überleben.«

»Auch mein Kleiner ist am Sterben. Ich kann diesen Abend nicht mehr kommen.« Die beiden Männer schwiegen, jeder stumm an seinem Unglück würgend. Dann fiel des Bauern schweres Wort in die Stille: »Ihren Buben werden Sie heilen, aber meinen nicht.«

»Oh, mein Bub ist verloren.«

Wieder schwiegen sie, dann nahm der Bauer von neuem das Wort: »Mein Bub ist noch nicht verloren. Ich bekam ihn erst im Alter, und ich werde keine Kinder mehr haben.«

»Morgen früh werde ich kommen, ich verspreche es Euch, Rivaz!«

»Dann wird es zu spät sein.«

»Lasst mich die Augen meines Kleinen schließen.«

»So sterben also zwei«, murmelte der Bauer vor sich hin, aber ohne Auflehnung, wie einer, der sich ins Unabänderliche schickt.

»Wartet«, rief der Doktor, »Hustet er stark?«

»Ja, zuerst, dann nur noch wenig. Ist das ein gutes Zeichen?«

»Nein. – Aber Ihr müsst doch einsehen, dass ich jetzt mein todkrankes Kind nicht verlassen kann!... Wie geht sein Atem?«

»Der pfeift; und dann auf einmal ist es, wie wenn das Kind ersticken müsste.«

»Wie gestern Abend bei Jean... Und doch, es ist mir unmöglich zu kommen. Ihr dürft das nicht von mir verlangen... Hat er diese Erstickungsanfälle oft?«

»Ja.«

»Ich bedauere Euch...«

»Ist er verloren?«

»Noch können wir hoffen, vielleicht haben wir Glück.«

Und mit einem Satz sagte der Bauer, was sein Herz bewegte: »Für Ihren Buben können Sie nichts mehr tun, aber noch etwas für meinen.«

Dr. Brunoy sah dem Bauern in die Augen, sein Blick festigte sich, und mit entschlossener Stimme erwiderte er: »Ich komme mit Euch, Rivaz!«

Raschen Schrittes kehrte er ins Zimmer zurück. Sein Kind atmete kaum noch, sein Gesicht war so blass, als wäre der letzte Tropfen Blut aus seinem Körper gewichen.

»Hier, Frau, nimm dies Fläschchen, es wird ihm das Atmen erleichtern. Mehr können wir nicht tun…«

»Warum sagst du mir das?«

»Weil ich fort muss.«

»Du, in dieser Nacht?«

»Der kleine Rivaz in Roselande ist schwer krank, vielleicht kann ich noch helfen.«

»Und unser Jean?«

»Sein Leben liegt nicht mehr in Menschenhand. Du kannst ihn so gut pflegen wie ich.«

»Geh nicht weg, ich bitte dich!«

»Ich muss.«

Jäh richtete sie sich neben dem Bettchen auf und warf ihm die Worte entgegen: »Du liebst dein Kind nicht! Du liebst deine Frau nicht!«

»Oh, meine Liebste!« Seine Stimme flehte schmerzerfüllt. Aber die Frau konnte ihn nicht verstehen, sie wich vor ihm zurück.

Da neigte er sich über das Kind und strich zärtlich, Abschied nehmend, über seine Wange, die immer noch warm war, trotz der wächsernen Hautfarbe. Und kurz entschlossen, ohne zurückzuschauen, weil er fürchtete, sein Wille könne unsicher werden, entfloh er aus dem Zimmer.

Im Schlitten sprachen die beiden Männer nicht ein Wort. Rivaz musste von Zeit zu Zeit am Leitriemen ziehen und »Hü« rufen, denn das Pferd war müde, hatte es doch erst vor kurzem einen Weg von zehn Kilometern hinter sich gebracht. Seine Hufe sanken im frischen Schnee ein.

Nach einer guten Stunde hielt der Schlitten vor einem einsamen Haus. Man hatte ihn kommen hören, denn die Tür öffnete sich, und eine Frau, die Laterne in der Hand haltend, erschien auf der Schwelle.

»Ist der Doktor da?«

»Ja.«

Sie atmete auf und führte die beiden Männer ins Zimmer des kranken Kindes.

Drei Viertelstunden später packte der Arzt seine Instrumente wieder zusammen und schickte sich zum Fortgehen an.

»Ist er gerettet?« fragte die Frau.

»Ich glaube es; morgen werde ich wieder kommen.«

»Wollen Sie noch diese Nacht zurück kehren?« wandte Rivaz ein.

»Ja, sofort.«

Der Bauer schien seltsam ergriffen, er brachte ein Goldstück, das er als Geschenk seiner längst verstorbenen Mutter bisher aufbewahrt hatte und wollte es dem Arzt geben. Aber zu seinem Erstaunen weigerte sich dieser, es anzunehmen.

»Nein, mein guter Rivaz, niemand könnte mir den Gang bezahlen, den ich in dieser Nacht getan habe.«

Auch auf der Rückfahrt sprachen die beiden Männer kein Wort miteinander. Unterwegs begegneten sie zahlreichen Gruppen von Leuten, die Laternen trugen. Zwischen den dunklen Tannenstämmen leuchtete da und dort ein kleines Licht auf. Die Bauern der umliegenden Höfe und Weiler begaben sich zur Mitternachtsmesse. Sie sangen ein altes Weihnachtslied:

Geboren ist das göttlich Kind,
O freuet euch, ihr Menschen all…

Und wenn sie dem Schlitten begegneten, riefen sie mit frohen Stimmen: »Gesegnete Weihnacht!«

Dr. Brunoy vermochte diesen Glückwunsch nicht zu erwidern; auch Rivaz wagte es nicht, obwohl sein Herz festlich gestimmt war.

An einer Biegung des Sträßchens fiel der Schein der Laternen auf ein Wegkreuz. Der Körper des schmerzensreichen Heilandes ragte hell und groß in die Nacht, und es war, als ob von seinem dornengekrönten Haupt ein tröstliches Licht ausginge. Dr. Brunoy erinnerte sich der Worte des alten Weihnachtsliedes: Geboren ist das göttlich Kind… Und mit einem Mal erfüllte ihn Friede; kein Leid mehr, kein Auflehnen gegen das Schicksal. Er hatte seine Pflicht getan! – Er hatte Rivaz' Kind retten dürfen. Er wusste, dass er sein eigenes Kind nicht mehr lebend sehen würde, aber der Gedanke weckte keine Bitternis mehr in seinem Herzen.

Als er zu Hause ankam und ins Zimmer trat, fand er seine Frau über das Bett des toten Kindes gebeugt. Gütig und sanft, doch mit fester Hand richtete er sie auf und sagte: »Meine Liebe …«

»Du warst nicht dabei«, seufzte die Frau und sah ihm tief in die Augen. Welche Ruhe ging von ihm aus, welcher Friede… Sie lehnte sich an ihn, und tröstlich stieg die Gewissheit in ihr auf, dass sie bei ihm die Kraft wieder finden würde, die ihr jetzt fehlte; dass sie den Mut haben würde, weiterzuleben und dieses Leben zu lieben.

Henry Bordeaux

52. »Fröhliche Weihnachten, Lady«

Hinführung: Wir rücken zur Seite, wenn ein Tippelbruder uns zu nahe kommt. Wir hören von einer Frau, die Nähe zuließ – und ihre Erfahrungen.
Vorlesedauer: ca. 4 Minuten.

Jedes Mal, wenn Weihnachten ist, denke ich an ihn. Er wanderte in mein Leben, uneingeladen, unerwartet, fast wie ein Irrlicht. Es war kurz vor Weihnachten, im Stadtzentrum. Dort, in der Immanuel-Kirche, fand gerade eine Trauung statt. Eine große Trauung war es, herrliches Kerzenlicht, alles sehr förmlich. Mit einer Abendmahlsfeier nach der Art der Presbyterianer, bei der Brot und Wein durch die

Reihen gereicht werden. Die Braut war gerade eingezogen, als ein Mann von der Straße hereintorkelte. Um die vierzig, mager, abgerissen, schmutzig und angetrunken. Als er den Mittelgang entlang schwankte, um sich der Hochzeitsgesellschaft anzuschließen, fing ich ihn ab, nahm ihn am Arm und lud ihn ein, sich zu mir auf eine Bank weiter hinten zu setzen. Er sah mich lange an. Und als ich meinen Arm um ihn legte, um ihn zu stützen, sagte er: »Ich liebe Kerzen in der Kirche. Darf ich ein Weilchen bleiben?« Ja, natürlich durfte er bleiben, und so saßen wir nebeneinander. Er hielt meine Hände in den seinen und verfolgte hingerissen die Zeremonie. Dann unterbrach er die Stille, nur um mir mit einem herrlichen Lächeln zu sagen, dass er mich liebte. Da ich alt genug war, um seine Mutter zu sein, schob ich seine Worte auf den Schnaps, aber trotzdem war es schön, wie er es sagte: »I love you, Lady, I love you!«

Dann wurde das Abendmahl gefeiert. Der Mann neben mir verfolgte mit gespannter Aufmerksamkeit, wie Brot und Wein durch die Reihen wanderten. Begreiflich für jemanden in seiner Lage, dachte ich. Doch dann tat der abgerissene Fremde etwas ganz und gar Bemerkenswertes. Als er das Brot in seine schmutzigen Hände nahm, hob er es empor, und mit einer klaren und würdevollen Stimme sagte er: »Christi Leib, für mich gegeben.« Dann nahm er den Kelch, hob ihn in der gleichen Weise empor und sagte: »Christi Blut, für mich vergossen.« Kein Erzbischof, kein Priester in kostbaren Gewändern hätte mit tieferer Verehrung sprechen können als er. Mitten in seiner schrecklichen Gegenwart hatte er die Erinnerung an ein feierliches Ritual bewahrt, aus einer anderen Zeit, von einem anderen Ort. Etwas Tiefes hatte seine Seele angerührt. Er saß neben mir und weinte. Er war aus der Nacht gekommen und besaß nur, was uns allen bleibt, wenn wir dem Unglück und der Trauer schutzlos gegenüberstehen – Worte der Hoffnung und der Zuversicht. Und Tränen für etwas, das hätte sein können, ja, was in seinem Fall gewiss einmal da gewesen war.

Seinen Namen wollte er mir nicht nennen, und mit Nachdruck verbat er sich jede Hilfe. Darum weiß ich nichts mehr von ihm als dies. Nach dem Gottesdienst stolperte er nach draußen. Es schneite, und er stand da, hielt meine Hand und sagte leise, als wollte er mich segnen: »Fröhliche Weihnachten, Lady!«. Dann ging er davon in die Dunkelheit. Ich habe ihn nie wieder gesehen.

Ich wünschte, ich könnte dieser Geschichte ein glückliches Ende geben, aber ich kann es nicht. Ich wünschte, ich könnte davon berichten, wie einer wieder nüchtern wurde, wie ein Vater oder ein Sohn zu seiner Familie zurückfand; wenigstens ein Mensch weniger, der nicht allein ist und eine Unterkunft braucht in einer kalten Nacht. Aber ich kann es nicht. Ich kann nur weitersagen, dass irgendwo da draußen ein Mann ist, allein und verloren wie so viele, der tief in seiner Seele bewahrt hat, was er ist. Ein Mann, der die Worte und Gesten der Anbetung kennt. Ich weiß nur, dass dieser Mann, der nichts mehr hatte als die Lumpen eines kaputten Lebens, mir mehr gegeben hat, als was die meisten mitzuteilen bereit sind. Er hielt meine Hand, und es schneite, und unter Tränen schenkte er mir seinen Gruß: »Fröhliche Weihnachten, Lady!«

Charlotte Johnstone

53. Die Versöhnung

Hinführung: Heilig-Abend kann einen Zauber haben, der das Wunder einer Umkehr leichter möglich macht.
Vorlesedauer: ca. 4 Minuten.

Es ist Heiligabend. Mit schweren, schleppenden Schritten geht Kurt auf das Krankenhaus zu. In seinem Gesicht spiegeln sich die unterschiedlichsten Gefühle wider. Die Augen verraten Angst und Sorge, aber in den Mundwinkeln liegt ein bitterer Zug.

Gestern Nachmittag ist seine Tochter eingeliefert worden. Aber erst am späten Abend, nach Ablauf der Besuchszeit, hatte es sein Schwiegersohn für nötig gefunden, ihn von Mariannes Kreislaufzusammenbruch zu unterrichten.

Kurt hasst seinen Schwiegersohn. Ihm hat Marianne das ganze Elend ja zu verdanken. Haushalt, Familie, Bürodienst – alles lastet auf ihr. Und das nur, weil Thomas die Kosten für eine Schreibkraft in seinem Handwerksbetrieb einsparen will. Lieber lässt er da schon die eigene Ehefrau unter dieser Doppelbelastung zugrunde gehen ...

Das Schlimmste ist, dass Marianne diesen Ausbeuter auch noch verteidigt. Jedes Mal, wenn Kurt einen neuen Anlauf unternimmt, um seine Tochter davon zu überzeugen, wie töricht es ist, auch nur einen Tag länger mit diesem Menschen unter einem Dach zu leben, streicht Marianne ihm bloß liebevoll durch sein schütteres Haar. »Ach, Paps«, pflegt sie dann müde zu lächeln. »Du weißt doch, wie schwer es für einen jungen Meister ist, sich über Wasser zu halten. Eine Bürokraft können wir uns einfach nicht leisten. Versteh doch, Thomas muss die Fixkosten so niedrig wie möglich halten ...«

Nach solchen fruchtlosen Gesprächen muss Kurt stets an sich halten, um seinem Schwiegersohn nicht sofort an die Gurgel zu gehen.

Auch jetzt, da er langsam die Stufen zum Portal heraufsteigt, hält Kurt grimmig Ausschau nach dem Verursacher seines Kummers. Er entdeckt ihn, als er in den Gang einbiegt, der zu Mariannes Zimmer führt. Ein wunderschöner Weihnachtsbaum steht dort, die Lichterketten leuchten. Sie dringen nicht in seine Augen. Noch nicht. Für Sekunden schwellen die Adern auf seiner Stirn bedrohlich an. Festen Schrittes geht er auf Thomas zu, der in zusammengesunkener Haltung, den Kopf in die Hände gestützt, auf einer schmalen Besucherbank hockt.

Kurt will zu einer scharfen Bemerkung ansetzen, aber die Worte bleiben ihm im Hals stecken. Blass, mit eingesunkenen Augen, sieht sein Schwiegersohn zu ihm auf. Doch es sind nicht die Zeichen tiefster Erschöpfung, die Kurt allen Wind aus den Segeln nehmen, sondern es sind die hilflos bebenden Lippen seines Gegenübers.

»Sie machen gerade Visite«, sagt Thomas, und er tut dies so leise und stockend, dass seine Worte kaum zu verstehen sind.

Kurt spürt, wie sich seine aufgestauten Gefühle Bahn brechen wollen. Aber er ist längst nicht mehr sicher, welches von ihnen die Oberhand behalten wird. Das Licht der Kerzen dringt in ihn ein.

Eine wundersam beruhigende, barmherzige Macht streicht glättend über seine Seele, und dann hört Kurt sich plötzlich einen Satz sagen, von dem er nicht geglaubt hat, dass er ihm jemals über die Lippen kommen werde: »Es wird alles gut, mein Junge.«

Renate Dopatka

54. Falsch geparkt

Hinführung: Wir hören von den Erfahrungen eines Feuerwehrmannes im Einsatz – in den Tagen vor Weihnachten.

Vorlesedauer: ca. 2 Minuten.

Ich klingele bei Bergmann in der zweiten Etage. Summen und Arretieren der Haustüre. Mit dem Tragestuhl des Krankenwagens, der wieder mal in zweiter Reihe abgestellt ist, schleppen wir uns nach oben. Der achte Transport heute. Recht lustlos knallen wir unser Gefährt auf den Treppenabsatz und dezent liebenswürdig frage ich nach dem Patienten.

»Hier ist unsere Mutter, sie muss unbedingt ins Krankenhaus. Das ist die Einweisung. Für Sie, meine Herren, noch der Transportschein; der Arzt hat alles aufgeschrieben; er hat mit der Station schon telefoniert; es ist alles abgesprochen …« Menschen, die hektisch und übertrieben freundlich einen Redeschwall auf mich herabduschen, richten meine Nackenhaare auf.

»Ich will gar nicht ins Krankenhaus.« Zögerliche Worte der zu

Transportierenden. »Mutter, der Arzt hat gesagt, es ist besser so, das hat alles seine Richtigkeit.«

»Aber der Arzt war doch gar nicht hier.«

»Können Sie mir bitte sagen, welche Beschwerden vorliegen und ob der Arzt Transporthinweise gegeben hat,« unterbrach ich behutsam den Dialog. »Hören Sie (natürlich höre ich), meine Mutter ist seit 13 Wochen hier, bettlägerig, pflege sie im Gästezimmer, Rückenschmerzen, Arthritis, manchmal Luftnot.«

»Hat sich der Zustand verschlechtert und ...?« »Nein,« fällt die alte Dame mit den verzweifelt abwinkenden Händen mir ins Wort.

Und der Redeschwall umkesselt wieder meine Fassung: »Also, ich war beim Hausarzt, habe ihm die Beschwerden meiner Mutter beschrieben, und dann hat er die Überweisung ins Krankenhaus mir mitgegeben und deshalb wird sie jetzt im Marienhospital erwartet.«

Ein falsches Lächeln und ein richtiger Geldschein werden mir gleichzeitig angeboten. So viel Güte lehne ich ab.

»Will aber nicht ins Krankenhaus!« Fünf schwermütige Worte lehnen sich heute gegen den Transportschein auf, am Tag vor Heiligabend. Morgen feiert Frau Bergmann im zweiten Stock das Fest der Ruhe und des Friedens. Entspannung steht ja schließlich jedem zu. Ist alles für morgen kalt gestellt?

Günter Nuth

54. Falsch geprakt

55. Erscheinung am Heiligabend

Hinführung: »In der Weihnachtszeit ist uns Gott sehr nahe«. Das sagte ein Mann mit innerem Lächeln. Gleich wissen wir, warum.
Vorlesedauer: ca. 9 Minuten.

Es war ein bitterkalter Abend. Über Hallett's Hill glitzerte ein heller Stern wie der Silberstern an der Spitze eines Weihnachtsbaumes. Aber in unserem Bauernhaus im pennsylvanischen Bergland verbreiteten die rot glühenden Öfen behagliche Wärme.

Der Abendbrottisch war abgeräumt, und soeben hatte ich es mir mit einer Zigarette bequem gemacht, als mein kleiner Sohn Bruce herunterkam, eine geisterhafte Erscheinung in langem, weißen Nachthemd mit einem purpurroten, silberdurchwirkten Überwurf. In der einen Hand hielt er eine hohe Krone aus gelber Pappe mit Flittergold; an der anderen schaukelte ein reich verziertes Weihrauchfass. An den Füßen hatte er leichte Schlurfsandalen.

»Was soll denn das vorstellen?« fragte ich lachend. Meine Frau betrachtete den Jungen prüfend und gleichzeitig teilnahmsvoll und zärtlich. »Er ist doch einer der Weisen aus dem Morgenland«, erklärte sie fast entrüstet.

Der mahnende Blick, den sie mir zuwarf, erinnerte mich daran, dass ich versprochen hatte, Bruce rechtzeitig zu der im Schulhaus stattfindenden Weihnachtsfeier zu bringen. Mir schauerte bei dem Gedanken an die Kälte draußen; dennoch zog ich einen dicken Mantel an und ging tapfer durch die Dunkelheit zur Garage.

Die Batterie meines alten Wagens war längst erschöpft, doch dank einer jener unberechenbaren Launen der Technik sprang der Motor sofort an. Das war allerdings ein Teufelsstreich, denn ehe wir die Landstraße erreichten, setzte der Motor aus.

Mir sank das Herz. Ich sah Bruce an, der Krone und Weihrauchfass in den Armen hielt und auf den scheinbar endlosen Weg starrte, der sich zwischen den einsamen Hügeln verlor. Die Ortschaft Hallet lag über zwei Kilometer entfernt, und bis zur nächsten Tankstelle waren es mehr als drei Kilometer.

Nun, dachte ich, die Sache ist nicht weiter tragisch. Bruce schwieg noch immer, aber er blickte jetzt auf den hellen Stern, der über dem zackigen Berggrat funkelte. Mir wurde ein wenig unbehaglich zumute, denn ich merkte auf einmal, dass der Junge betete. Auch er hatte ein Versprechen gegeben, und nun betete er, dass nichts ihn davon abhalten möge, an diesem herbeigesehnten Weihnachtsabend einer der Heiligen Drei Könige zu sein.

Ich mühte mich mit dem Wagen, aber vergeblich. Dann kramte ich in der Tasche nach Streichhölzern, um mir eine Zigarette anzuzünden und zu überlegen. Als ich aufsah, war Bruce nicht mehr da. Ein Stück weiter unten eilte er den Weg entlang; mit der einen Hand hielt er sein Königsgewand gerafft, die andere schwenkte das Weihrauchfass; die hohe goldene Krone saß ihm schief auf dem Kopf. Ich wusste nicht, ob ich lachen oder ihn zurückrufen sollte. Schließlich warf ich die Zigarette weg und versuchte es von neuem.

Endlich sprang der Motor spuckend und fauchend an. Ich fuhr los und holte Bruce kurz vor der Stelle ein, wo die Straße zur Stadt abzweigte. »Du hättest nicht so davonlaufen sollen«, knurrte ich. »Es ist viel zu kalt.«

»Ich habe den Weihrauch angezündet«, versetzte er. »Ich bin ganz warm geblieben. Ich habe mich immer nach dem Stern gerichtet und den Weg abgekürzt, quer durch Basoines Farm, und bei dem neuen Haus bin ich wieder auf die Straße gekommen.« Er zitterte vor Kälte.

»Aber deine Sandalen! Du hättest dir die Füße erfrieren können!«

»Es war nicht so schlimm.«

Wir kamen noch rechtzeitig im Schulhaus an. Ich stand ganz hinten unter den Zuschauern. Als ich Bruce steifbeinig auf schmerzenden, halb erfrorenen Füßen hereinhumpeln und, seine Verse deklamierend, vor der Krippe knien sah, bereute ich, dass ich über ihn gelacht hatte. Ein ungewohntes Gefühl der Ehrfurcht stieg in mir auf, und ich spürte, dass ihn etwas Stärkeres als ein Versprechen durch die kalte Nacht zu diesem Weihnachtsspiel getrieben hatte.

Auf dem Heimweg zeigte er mir die Stelle, wo sein Abkürzungsweg in die Straße mündete. »Da wohnen Thompsons«, sagte er und fügte hinzu: »Harry Thompson ist dort gestorben.«

Als wir an Basoines Farm vorbeikamen, waren die Fenster erhellt. Darüber wunderte ich mich. Seit George Basoine fortgezogen war, um sein Glück zu machen, war die alte Großmutter, die ihren Jüngsten im Ersten Weltkrieg verloren hatte, ganz zusammengebrochen, und Trübsinn lag über dem Haus.

Ich fuhr langsamer, und so konnte ich durchs Küchenfenster Lou Basoine sehen, der Pfeife rauchte und sich mit seiner Frau und der Mutter unterhielt.

Sonst gibt es von diesem Abend nichts weiter zu erzählen. Am ersten Weihnachtsfeiertag aber kam eine freundliche Nachbarin und brachte uns ein Stück Wildpastete und einen Krug Apfelwein. Sie ging in die Küche zu meiner Frau, die gerade das Weihnachtsmahl zubereitete. Als ich Gelächter hörte, gesellte ich mich hinzu; denn ich habe eine Schwäche für ländlichen Klatsch.

»Hör dir das an!« sagte meine Frau.

Die Nachbarin sah mich mit erregt glänzenden Augen an, jedoch ein wenig argwöhnisch. »Sie müssen es ja nicht glauben«, begann sie, »aber es ist schon so. Die Leute hier oben in den Bergen sehen mehr als andere Menschen und glauben daran.«

»Was haben Sie denn gesehen?«

»Ich nicht. Es war die alte Mutter Basoine. Gestern Abend, als ihr weh zumute war, kam es ihr vor, als hörte sie etwas hinter der Scheune, und sie schaute hinaus. Nun muss ich von der alten Frau sagen, sie hat noch gute Augen. Der Mond schien zwar nicht, aber es war eine helle Sternennacht, wie Sie wohl wissen. Und da sah sie, so deutlich wie am helllichten Tag, einen der Heiligen Drei Könige aus der Bibel den Hang herunterkommen, mit einer Goldkrone auf dem Kopf, und er schwenkte in der Hand so einen Kessel, der rauchte…«

Meine Frau und ich blickten einander an, doch bevor ich etwas sagen konnte, fuhr die Besucherin eifrig fort: »Lachen Sie nicht! Es gibt noch andere, die es bezeugen können – die Thompsons. Sie wissen doch, die Leute, denen der älteste Sohn gestorben ist. Dort hörten die Kinder ihn zuerst. Er sang »Herbei, o ihr Gläubigen«, ganz deutlich hörten sie es. Sie liefen zum Fenster, und da sahen sie einen der Heiligen Drei Könige im Sternenschein den Weg überqueren!«

Die Farmersfrau sah mich herausfordernd an. »Jawohl, so ist es. Alte Leute und Kinder sehen Dinge, die wir vielleicht nicht sehen können. Aber eins kann ich Ihnen sagen, die Basoines und die Thompsons kennen sich nicht einmal. Die alte Mutter Basoine fühlte sich einsam und dachte trauernd an ihren gefallenen Sohn, und den Eltern Thompson war es auch einsam und traurig ums Herz, weil es das erste Weihnachtsfest ohne ihren Harry ist, und sie beteten gerade zum Herrgott. Vielleicht glauben Sie nicht daran, dass Beten etwas ausmacht. Aber ich sage Ihnen, es war ein Trost für sie, so etwas zu sehen und daran zu glauben!« In der Küche wurde es still. Die beiden Frauen betrachteten forschend mein Gesicht, vielleicht in der Erwartung, einen Ausdruck der Ungläubigkeit zu finden, da ich nicht sehr fromm bin. Doch was sie auch erwartet haben mochten, auf das, was kam, waren sie nicht gefasst.

Freilich, ich hatte an diesem Weihnachtsabend kein Wunder erlebt, aber was ich gesehen hatte, das machte mir einen viel größeren Eindruck als jegliche übernatürliche Erscheinung: einen kleinen Jungen aus Fleisch und Blut, der, einem Versprechen getreu, querfeldein dem Stern nachging, welcher vor Jahrhunderten die drei Weisen aus dem Morgenlande nach Bethlehem geführt hatte. Es lag mir fern, die Standhaftigkeit und Gläubigkeit zu verleugnen, die ich in jener Nacht in den Augen meines Sohnes gesehen hatte.

Und so sagte ich mit einer Aufrichtigkeit, die für die beiden guten Frauen gewiss ebenso unverhofft wie sichtlich beglückend war: »Ja, ich glaube, in der Weihnachtszeit ist uns Gott sehr nahe.«

William Ashley Anderson

56. Auf der Suche

Hinführung: Auch die heiligen drei Könige standen noch im Lernprozess, nachdem sie das Kind in der Krippe gefunden hatten.
Vorlesedauer: ca. 4 Minuten.

In der Nacht erteilte ihnen ein Engel den Befehl, nicht mehr zu Herodes nach Jerusalem zurückzukehren, sondern auf einem anderen Wege in ihre Heimat zu ziehen. Noch vor Sonnenaufgang hatte sich ihre Karawane wieder in Bewegung gesetzt. Kein Stern stand mehr am Himmel, seitdem der Stern, dem sie gefolgt waren, verblasst war. Er konnte sie nicht länger leiten. Da sie nicht nach Jerusalem konnten, nahmen sie den Weg in die entgegengesetzte Richtung: die Weisen auf Pferden und Kamelen, ihre Diener ihnen über Stock und Stein folgend. Kaum waren sie zwei Stunden unterwegs, da ging es nicht mehr weiter. Nur noch Felsen und Schluchten. Wenn sie sich jetzt nur nicht verirrten oder stolperten und sich verletzten!

Also hieß es: absteigen und Rat halten! Sie brachten kluge Argumente vor, konnten sich nicht einigen. Und da sich ihre Konferenz hinzog, drängten sich auch die Diener heran.

Plötzlich brachte einer hervor: »Ich weiß, wo sich hier ein kleiner Pfad durch die Berge schlängelt.«

Da wurde einer der Könige böse: »Seit wann mischen sich Knechte ein, ohne gefragt zu werden?«

Der zweite pflichtete ihm bei: »Wo kämen wir hin, wenn hier jeder ungefragt mitreden wollte?«

Und der erste beendete das Thema: »Seit wann weisen uns denn Diener den Weg?«

Da stammelte der Diener: »Vor wenigen Stunden knieten wir gemeinsam vor dem Kind, jetzt müssen wir uns gemeinsam in die Dinge der Welt hineinknien.«

»Papperlapp, hier ist nicht mehr die Krippe, hier ist die kalte

Welt mit anderen Gesetzen, mit Rangunterschieden und Rederecht.«

Da wusste jeder der drei Knechte, wie wenig das Licht von der Krippe in die Herzen der Könige gestrahlt war. Wie begossene Pudel probten sie den Rückmarsch.

Der dritte König hatte sich bisher nicht eingemischt. Wie von einem Licht erfasst, hielt er den beiden Königen entgegen: »Es kommt mir schon seltsam vor. Unsere Diener tun alles für uns. Sie bedienen uns beim Essen und decken uns in kalter Nacht zu. Sie tragen unsere Lasten und kümmern sich um die Tiere. Aber zu sagen haben sie nichts? Woran das wohl liegt?«

Dann zog er den Diener zu sich und fragte ihn: »Sag, kennst du diese Gegend?«

»Ja, vor vielen Jahren wurde ich als Kriegsgefangener durch diese Gegend geschleppt. Um eine günstige Fluchtmöglichkeit auszuspähen, prägte ich mir vieles ein. Ich habe es nicht vergessen.«

Der König dankte dem Diener und versicherte seinen Mitreisenden: »Dieser Mann ist zuverlässig. Wir können ihm vertrauen.«

Vom Reittier herab rief er dem Knecht zu: »Geh vor, aber zuerst gib mir dein Gepäck, ich habe genügend Platz dort, wo bisher das Gold lag für das Kind.«

Die beiden anderen Könige waren entrüstet: »Bedenkst du nicht, was du tust? Du stellst die Welt auf den Kopf!«

Der dritte König lächelte: »Welche Welt stelle ich auf den Kopf, wenn man aufeinander hört und die Lasten anders verteilt?«

Und während sie sich den Weg bahnten, meinten sie, es liefe auf dem dunklen Weg ein heller Glanz mit. So suchten sie jetzt vereint den Weg.

NACH WERNER REISER

Weitere geeignete Geschichten:

Die Nummern 12, 13, 16, 18, 27–29, 31, 34–43, 57–64.

V. GESCHICHTEN FÜR ÄLTERE ERWACHSENE

57. König, Bauer und Knecht

Hinführung: Alle Menschen haben Angst, ob König, Bauer oder Knecht. Es kommt darauf an, die Kraft zu finden, die sie überwinden lässt.
Vorlesedauer: ca. 4 Minuten.

In der Nähe Bethlehems lebten vor zweitausend Jahren ein König, ein Bauer und ein Knecht. Wenn der König auf seinem Pferd durch die Straßen ritt, fiel der Bauer vor ihm auf die Knie und küsste den Saum seines Gewandes. Wenn der Bauer auf seinem Esel über die Felder ritt, verneigte sich der Knecht und nahm seinen Hut vom Kopf. Wenn aber der Knecht jemandem begegnete, wurde er von niemand gegrüßt. Nur ein kleiner herrenloser Hund hängte sich eines Tages an ihn und wollte nicht mehr von ihm weichen.

Wenn der König schlechter Laune war, ließ er den Bauern für einen Tag ins Gefängnis werfen. Wenn der Bauer zu viel getrunken hatte, rief er den Knecht und ließ ihn am Feiertag Holz hacken. Wenn der Knecht unglücklich war, pfiff er den kleinen herrenlosen Hund und schlug ihn mit dem Stock. So fürchteten sich der Bauer vor dem König, der Knecht vor dem Bauern und der Hund vor dem Knecht. Aber auch der König fürchtete sich. Er fürchtete sich vor dem Tod.

Der König verbot seinen Kindern, mit den Kindern des Bauern zu spielen. Der Bauer verbot seinen Kindern, mit den Kindern des Knechtes zu spielen. Der Knecht verbot seinen Kindern, mit dem kleinen herrenlosen Hund zu spielen. So fürchteten sich die Kinder des Königs, die Kinder des Bauern und die Kinder des Knechtes nicht vor dem Tod, nicht vor dem König, nicht vor einem Bauern und nicht vor einem Knecht. Sie fürchteten sich vor der Strafe. Die Kinder waren traurig, denn sie vermochten zwischen dem Kind eines Königs, dem Kind eines Bauern und dem Kind eines Knechtes keinen Unterschied zu erkennen.

Eines Tages aber stand über Bethlehem ein leuchtender Stern. In einem Stall mitten auf dem Feld war Christus geboren. Der König erfuhr es von den Weisen, der Bauer von den Hirten und der Knecht von einem Hütejungen. Die drei Weisen, die Hirten und der Hütejunge erzählten von den Begegnungen mit dem Kind, als ob sie ein großes Geschenk von ihm empfangen hätten. Ohne dass einer vom andern wusste, machten sich der König, der Bauer und der Knecht auf, das Kind zu suchen. Als sie einander vor dem Stall mitten auf dem Feld trafen, waren sie verlegen. Aber Maria, die das Kind geboren hatte, lächelte ihnen zu und bat sie, näher zu treten. Und als sie das Kind in der Krippe erblickten, erfüllte sie plötzlich eine große Freude. Und sie taten, was auch die drei Weisen, die Hirten und der Hütejunge getan hatten. Sie knieten nieder und beteten es an.

»Nimm mir die Angst vor dem Tod«, bat der König.

»Nimm mir die Angst vor dem König«, bat der Bauer.

»Nimm mir die Angst vor dem Bauern«, bat der Knecht.

Da fing das Kind an zu weinen, weil es ahnte, dass es für den König, den Bauern und den Knecht einst am Kreuze sterben würde.

Am frühen Morgen kehrten die drei Männer gemeinsam nach Hause zurück, der König in sein Schloss, der Bauer auf seinen Hof und der Knecht in seine Hütte. Nun wusste einer um des anderen Angst, doch der Glaube an das Kind schenkte ihnen die Kraft, sie zu überwinden.

Am folgenden Tag aber spielten die Kinder des Königs, die Kinder des Bauern und die Kinder des Knechtes zusammen mit dem kleinen herrenlosen Hund. Auch er brauchte sich nicht mehr zu fürchten.

MAX BOLLIGER

58. Die Heilige Nacht

Hinführung: Wir brauchen das Alter und die Weisheit, um wundervolle Weihnachtsgeschichten zu verstehen: Es geht um ein Gottvertrauen, mit dem Berge versetzt werden können. Und ab und zu bekommen auch harte Herzen eine neue Chance; denn ihre Augen sehen dann mehr!
Vorlesedauer: ca. 7 Minuten.

Es war einmal ein Mann, der in die dunkle Nacht hinausging, um sich Feuer zu leihen. Er ging von Haus zu Haus und klopfte an. »Ihr lieben Leute, helft mir!« sagte er. »Mein Weib hat eben ein Kindlein geboren, und ich muss Feuer anzünden, um sie und den Kleinen zu erwärmen.«

Aber es war tiefe Nacht, so dass alle Menschen schliefen, und niemand antwortete ihm.

Der Mann ging und ging. Endlich erblickte er in weiter Ferne einen Feuerschein. Da wanderte er in diese Richtung und sah, dass das Feuer im Freien brannte. Eine Menge weißer Schafe lagen rings um das Feuer und schliefen, und ein alter Hirt wachte über die Herde.

Als der Mann, der Feuer leihen wollte, zu den Schafen kam, sah er, dass drei große Hunde zu Füßen des Hirten ruhten und schliefen. Sie erwachten alle drei bei seinem Kommen und sperrten ihre weiten Rachen auf, als ob sie bellen wollten, aber man vernahm keinen Laut. Der Mann sah, dass sich die Haare auf ihrem Rücken sträubten, er sah, wie ihre scharfen Zähne funkelnd weiß im Feuerschein leuchteten und wie sie auf ihn losstürzten. Er fühlte, dass einer von ihnen nach seinen Beinen schnappte und einer nach seiner Hand und dass einer sich an seine Kehle hängte. Aber die Kinnladen und Zähne, mit denen die Hunde beißen wollten, gehorchten ihnen nicht, und der Mann litt nicht den kleinsten Schaden.

Nun wollte der Mann weitergehen, um das zu finden, was er brauchte. Aber die Schafe lagen so dicht nebeneinander, Rücken an

Rücken, dass er nicht vorwärts kommen konnte. Da stieg der Mann auf die Rücken der Tiere und wanderte über sie hin dem Feuer zu. Und keins von den Tieren wachte auf oder regte sich.

Als der Mann fast beim Feuer angelangt war, sah der Hirt auf. Es war ein alter, mürrischer Mann, der unwirsch und hart gegen alle Menschen war. Und als er einen Fremden kommen sah, griff er nach einem langen, spitzen Stab, den er in der Hand zu halten pflegte, wenn er seine Herde hütete, und warf ihn nach ihm. Und der Stab fuhr zischend auf den Mann los: Aber ehe er ihn traf, wich der Stab zur Seite und sauste an ihm vorbei, weit über das Feld.

Nun kam der Mann zu dem Hirten und sagte zu ihm: »Guter Freund, hilf mir, und leih mir ein wenig Feuer. Mein Weib hat eben ein Kindlein geboren, und ich muss Feuer machen, um sie und den Kleinen zu erwärmen.«

Der Hirt hätte am liebsten nein gesagt, aber als er daran dachte, dass die Hunde dem Manne nicht hatten schaden können, dass die Schafe nicht vor ihm davongelaufen waren und dass sein Stab ihn nicht fällen wollte, da wurde ihm ein wenig bange, und er wagte es nicht, dem Fremden das abzuschlagen, was er begehrte.

»Nimm, soviel du brauchst«, sagte er zu dem Mann.

Aber das Feuer war beinahe ausgebrannt. Es waren keine Scheite und Zweige mehr übrig, sondern nur ein großer Gluthaufen; und der Fremde hatte weder Schaufel noch Eimer, worin er die roten Kohlen hätte tragen können.

Als der Hirt dies sah, sagte er abermals: »Nimm, soviel du brauchst!« Und er freute sich, dass der Mann kein Feuer wegtragen konnte.

Aber der Mann beugte sich hinunter, holte die Kohlen mit bloßen Händen aus der Asche und legte sie in seinen Mantel. Und weder versengten die Kohlen seine Hände, als er sie berührte, noch versengten sie seinen Mantel, sondern der Mann trug sie fort, als wenn es Nüsse oder Äpfel gewesen wären.

Als der Hirt, der ein so böser, mürrischer Mann war, dies alles sah, begann er sich zu wundern: »Was kann dies für eine Nacht sein, wo die Hunde den Mann nicht beißen, die Schafe nicht erschrecken, die Lanze nicht tötet und das Feuer nicht brennt?«

Er rief den Fremden zurück und sagte zu ihm: »Was ist dies für eine Nacht? Und woher kommt es, dass alle Dinge dir Barmherzigkeit zeigen?«

Da sagte der Mann. »Ich kann es dir nicht sagen, wenn du selbst es nicht siehst.« Und er wollte seiner Wege gehen, um bald ein Feuer anzünden und Weib und Kind wärmen zu können.

Da dachte der Hirt, er wolle den Mann nicht ganz aus den Augen verlieren, bevor er erfahren hätte, was dies alles bedeute. Er stand auf und ging ihm nach, bis er dorthin kam, wo der Fremde daheim war.

Da sah der Hirt, dass der Mann nicht einmal eine Hütte hatte, um darin zu wohnen, sondern er hatte sein Weib und sein Kind in einer Berggrotte liegen, wo es nichts gab als nackte, kalte Steinwände.

Der Hirt dachte, dass das arme unschuldige Kindlein vielleicht dort in der Grotte erfrieren würde. Und obgleich er ein harter Mann war, wurde er davon doch ergriffen und beschloss, dem Kinde zu helfen. Und er löste sein Ränzel von der Schulter und nahm daraus ein weiches weißes Schaffell. Das gab er dem fremden Mann und sagte, er möge das Kind darauf betten.

Und in demselben Augenblick, in dem er zeigte, dass auch er barmherzig sein konnte, wurden ihm die Augen geöffnet, und er sah, was er vorher nicht hatte sehen und nicht hatte hören können.

Er sah, dass rund um ihn ein dichter Kreis von kleinen, silberbeflügelten Englein stand. Und jedes von ihnen hielt ein Saitenspiel in der Hand. Und alle sangen sie mit lauter Stimme, dass in dieser Nacht der Heiland geboren wäre, der die Welt von ihren Sünden erlösen solle.

Da begriff er, warum in dieser Nacht alle Dinge so froh waren, dass sie niemand etwas zuleide tun wollten.

Und nicht nur rings um den Hirten waren Engel, sondern er sah sie überall. Sie saßen in der Grotte, und sie saßen auf dem Berge, und sie flogen unter dem Himmel. Sie kamen in großen Scharen über den Weg gegangen, und wie sie vorbeikamen, blieben sie stehen und warfen einen Blick auf das Kind.

Es herrschte Jubel und Freude und Singen und Spiel, und das alles sah er in der dunklen Nacht, in der er früher nichts zu gewahren vermocht hatte. Und er wurde so froh, dass seine Augen geöffnet waren, dass er auf die Knie fiel und Gott dankte.

Selma Lagerlöf

59. … und hätte die Liebe nicht

Hinführung: Ein alter Lehrer erzählt am Weihnachtsbaum von einem Kind, dessen Liebe er nicht erkannte. Aber er konnte noch um sein Verzeihen bitten.

Vorlesedauer: ca. 13 Minuten.

Der pensionierte Lehrer zündete die erste Kerze am Weihnachtsbaum an. Er schaute dabei auf eine der goldenen Kugeln, die ihr Licht widerspiegelte und dachte nach.

»Ja, wenn die Erinnerung kommt«, meinte der alte Kollege neben ihm, der überraschend zu Besuch gekommen war, »dann vergoldet sie alles und lacht dich an.«

»Sie lacht nicht immer«, meinte der nur. »Wenn du willst, erzähle ich dir davon.«

Vorsichtig erwiderte der Freund, der spürte, dass etwas im anderen vorging: »Wir können doch nichts anderes tun, als Liebe zu verschenken. Alles andere verdunstet nach und nach. Wenn wir zurückschauen, reut uns nichts mehr als die Stunden, in denen uns die Liebe gefehlt hat.«

Der andere nickte bejahend: »Vielleicht sind unsere Fehler die

Sprossen, an denen wir emporsteigen, um das Ziel zu erreichen, das wir uns vorgenommen haben. Weißt du, es war in meinen sogenannten besten Jahren. Zuerst starb meine Mutter, dann früh meine Frau, so dass ich immer allein war. So steckte ich meine ganze Kraft in meinen Beruf. Ich wollte ein guter Lehrer sein. Und es gelang mir: Täglich konnte ich die Hände voller Blumen nach Hause tragen und immer drängte sich eine kleine Schar von Jungen und Mädchen um mich bis zu meiner Wohnung. Das tat mir gut; es ersetzte mir das Familienglück. Ich versuchte auch immer, gerecht zu sein. Ich hatte damals rund vierzig Kinder von zehn bis zwölf Jahren vor mir sitzen: frische Kindergesichter in der halb ländlichen Vorstadt; aber auch scheue, gedrückte Kinder, denen es an Sonne und Liebe fehlte.

Eines Tages kam ein bleiches, lang aufgeschossenes Mädchen in die Klasse, Elisabeth Homberg, die auf den ersten Blick nichts Anziehendes an sich hatte; auch ihre Augen lagen in tiefen Höhlen. Von den Leistungen her brachte sie nur grauen Durchschnitt; in Mathe war es hoffnungslos. Manchmal drehte ich mich bei ihr verzweifelt auf dem Absatz herum, machte auch schon mal eine abfällige Bemerkung. Das Kind – muss ich zugeben – interessierte mich nicht besonders, wobei es selbst mich durchaus oft anschaute. Ich muss wohl blind dafür gewesen sein, dass auch dieses Kind mich liebte. Ich kam auch nie auf die Idee, dass all die Gegenstände, die heimlich auf meinen Tisch gelegt wurden, wie ein merkwürdig gezeichnetes Schneckenhäuschen oder ein Stück Baumrinde mit silbrig schimmernden Flechten daran, von diesem Kind stammen könnten.

Eines Tages gab ich ein Aufsatzthema auf, dass mir ein sonniger Wintertag eingegeben hatte: ›Erzählt etwas vom Winter, was ihr selbst erlebt habt. Versucht es, selbstständig auszudrücken. Wenn es unbeholfen ausfällt, schadet das fürs Erste nicht.‹ – Als ich später die Aufsätze nachsah, musste ich beim mittelmäßigen Aufsatz von Elisabeth meinen Unwillen unterdrücken: Das war kein Aufsatz einer Zwölfjährigen! Das musste diktiert oder fehlerhaft abgeschrieben worden sein. Der Aufsatz war eine Klage darüber, dass die Sonne noch keine Kraft zum Wärmen hatte und das Eis die Keime unter dem Schnee gebannt hielt. Da war die Sehnsucht nach dem Frühling, der alles wieder aufstehen lässt, was jetzt schläft. Als ich die Aufsätze zurückgab, konnte ich mich nicht beherrschen, ihr einen vernichtenden, kalten Blick zuzuwerfen, weil der Aufsatz eben nicht von ihr sein konnte.

›Wer hat diesen Aufsatz gemacht, Elisabeth?‹

Da kam es leise: ›Ich.‹

Ich sagte kurz und kalt: ›Du lügst!‹

Das Kind zuckte zusammen wie unter einem Hieb. Sie sah mich mit einem grauweißen Gesichtchen an. Vielleicht log sie aus Angst. Ich sagte: ›Ich bin nicht so dumm, wie du zu meinen scheinst.‹ Dann drang ich noch einmal in sie, so ruhig als möglich: ›Nun sag mir: Hast du es gelesen oder hat es dir jemand vorgesagt?‹

Schweigen. Dann die leise Antwort: ›Ich habe es selber getan; es hat mir niemand geholfen.‹ Jetzt war ihr Gesicht von dunkler Röte überzogen. Ein Mädchen rief in die Klasse: ›Sie haben einen Kostgänger, der schreibt viel und besitzt viele Bücher; bei dem sitzt sie immer.‹

Ich sagte: ›Still.‹ Ich schaute Elisabeth an: ›Ist der's?‹

Aber sie war verstummt, alles Leben aus ihr entschwunden. Sie sah nur noch vor sich hin. Ich schloss ab: ›Wir wollen weitermachen. Wenn du dich besonnen hast, Elisabeth, kannst du es mir sagen!‹

Ich war mir sicher, mich nicht getäuscht zu haben.

Am Nachmittag fehlte Elisabeth. Als sie am nächsten Tag auftauchte, ohne sich zu entschuldigen, fuhr ich sie schroffer an als ich wollte: ›Wo warst du gestern?‹

Sie hob die Augen wie einer, der meint, es hat keinen Zweck zu antworten, weil das Gegenüber es doch nicht glaubt: ›Ich war krank.‹ So sah sie auch aus, elendig – zum Erschrecken. Als ich sie nach der Stunde zurückhielt und sagte: ›Komm, Elisabeth, sag, wer den Aufsatz gemacht hat und wir wollen wieder gute Freunde sein‹, da sah mich kein Kind mehr an, sondern ein reifer, bitterer Mensch, und dieser Mensch verachtete mich. Sie ging hinaus, ohne ein Wort.

Sie kam noch eine Woche lang, dann fehlte sie. Sie wurde krank gemeldet. Keiner wusste, was mit ihr war. Sie hatte keine Freunde. Das letzte Ereignis hatte noch viel dazu beigetragen, dass sie ganz einsam geworden war. Es wusste auch niemand genau, ob sie noch Eltern hatte. Ich beschloss, sie bald einmal zu besuchen.

Aber in der Vorwoche von Weihnachten kam ich nicht dazu: Wir übten Lieder und schmückten Räume und Hallen. Als sich zwei Mädchen heftige Kämpfe lieferten, sprach ich vom Frieden, ganz besonders jetzt in diesen Tagen; sonst störe man den Gesang der Engel vom Frieden auf Erden. Und wir hatten schließlich an Weihnachten ja teil an der großen Freude, die aller Welt widerfahren ist.

Ich machte nach der Kirche einen Umweg zu meiner Wohnung, weil ich wusste: Die Kinder schmücken mir ein Bäumchen. Wenn ich heimkam, erwarteten mich Lichterglanz und Gesang und helle Augen, auch Gaben.

Als ich gutgelaunt zwischen den Gärten hinging, begegnete mir ein kleiner Mann mit einem vertrockneten Gesicht. Er fiel mir auf, weil er mich höhnisch immer wieder von der Seite ansah. Weil mir sein stummes Anschauen peinlich wurde, sprach ich ihn auf das blühende Primelstöckchen an, das er in der Hand hielt: ›Sie bringen das wohl einer Kranken?‹ Er sah mir spöttisch in die Augen: ›Und Sie, Sie kommen wohl aus der Kirche?! Fromme Lieder mitgesungen? Dann gratuliere ich zu Ihrem Mut, so unserem Herrgott unter die Augen zu treten. Ich an Ihrer Stelle, ich hätte das Herz nicht dazu!‹

War das ein Narr? ›Was wollen Sie von mir?‹ sagte ich steif, nicht ohne mein Gegenüber stolz anzusehen. Da wurde aus seinem Hohn ein Jammer, als aus ihm herausbrach: ›O nichts, nur dass das Kind stirbt und Sie haben es vorher noch richtig ins Elend gedrückt!‹

Mir stand das Herz still: Elisabeth! Ihre Augen sahen mich plötzlich wieder aus tiefen Höhlen heraus an mit dem Blick, den sie hatte, als sie mir das Heft in die Hände legte. Da war noch Vertrauen gewesen und die Bitte: Nimm es auf! Ich aber hatte es zertreten.

Der kleine Mann wurde zum Richter: ›Sie hatte eine Liebe zu

Ihnen. Sagte immer nur: Er, er. Er ist so gut! Sie hob auf unseren Spaziergängen alles Besondere auf: Das bring ich ihm. Aber sie traute sich ja nicht, legte es nur still auf den Tisch.‹

›Wer sind Sie?‹ fragte ich. Er antwortete: ›Ihre Mutter ist weit fort als Köchin in Arbeit. Sie wohnt unten bei den Schneidersleuten. Ich bin ihr Freund. Sie erzählt mir immer alles.‹

Dann wandte er sich ab: ›Ich muss zu dem Kind. Sie haben kein Herz für meine Lisabeth. Sie verlangt nach mir jede Minute, die ich nicht da bin.‹

So konnte ich ihn nicht gehen lassen. Ich hielt ihn am Ärmel fest. – Ich hätte nie mehr mit gutem Gewissen leben können.

Das stimmte ihn milder: ›Sie kennen das Kind ja nicht. Wie eine Alte hatte sie sonderbare, ernsthafte Gedanken. Ich musste immer wieder staunen. Sie saß an dem Aufsatz bis spät in die Nacht; bis die Schneidersfrau sie ins Bett jagte. Sie kam in Strümpfen noch zu mir heraufgeschlichen: ›Ich bin fertig; ich muss es aber noch ins Reine schreiben. Hoffentlich ist es ihm auch recht!‹ Das Übrige wissen Sie ja besser als ich, Herr Lehrer! – Ich weiß nur, dass das Kind an jenem Tag nach der Schule nicht zu mir heraufkam und als ich's endlich nicht mehr aushielt und hinunterging, da saß es ganz eng an die Wand gedrückt – mit einem Gesicht, als ob alles Leben darin gestorben sei. Es klapperte vor Frost mit den Zähnen und hatte Kopfweh. Die Schneidersfrau und ich, wir merkten schon, dass etwas Schlimmes passiert sein musste. Erst als die Krankheit, die wohl schon lange in ihr gesteckt hat, zum Ausbruch kam – es ist eine böse Darmentzündung, Herr Lehrer, und sie stirbt daran –, da, im Krankenhaus, hat sie es mir erst gesagt. Ich hatte eine solche Wut, dass ich noch in der Nacht zu Ihnen wollte, aber sie hielt mich mit ihrer heißen Hand fest und sagte erregt: ›Nein, lass es, er glaubt es doch nicht. Du darfst nicht hingehen! Versprich es mir!‹

Der kleine Mann wandte sich zum Gehen. Ich sagte flehentlich: ›Nehmen Sie mich mit. Sie spüren doch, dass ich das Kind sehen muss. Es darf nicht so aus dem Leben gehen; so nicht!‹

Ich wusste, jetzt warteten bei mir Zuhause Kinder mit ihren fröhlichen Gesichtern. Aber wie könnte ich je wieder mit ruhigem Herzen vor ihnen stehen, wenn das eine, das ich verwundet hatte, ungetröstet aus der Welt gehen würde?!

Er nahm mich mit. Elisabeth war in ein kleines Zimmer geschoben worden. Wir wussten, warum. Ich blieb an der Tür stehen. Ein großer Wandschirm verbarg mich vor ihren Augen. Ich sah sie durch einen Spalt. Sie lag da mit offenen Augen und sah so glücklich aus, wie ich sie nie gesehen hatte.

›Du musst nicht mehr fortgehen‹, sagte sie zu ihrem Freund, der ihr die Blume gab. Er gab zur Antwort: ›Solange du mich haben willst, bleibe ich.‹ Er sprach zärtlich wie eine Mutter mit ihr.

Dann aber wurde er unruhig, er schien sich meiner zu erinnern: ›Du, Liesekind, da ist jemand, der möchte dich sehen. Jemand – der dich lieb hat.‹ – Heute noch danke ich ihm für dieses Wort.

Das Kind machte große Augen: ›Meine Mutter?‹, ›Nein, die kann erst nach dem Fest kommen! Es ist noch jemand anders. Sei lieb zu ihm! Ich war ihm so bös. Jetzt bedauere ich ihn.‹

Ein angstvolles Erschrecken ging über das Kindergesicht: ›Er?‹ Es war eine harte Strafe, dass ich das sehen musste. Der kleine Mann fuhr fort: ›Ja, Kind, aber er glaubt es dir jetzt, es tut ihm …‹

Da konnte ich nicht mehr warten, ich stürzte zum Bett: ›Verzeih mir, Elisabeth.‹ Mehr wusste ich nicht zu sagen. Ihre Augen gingen hilfesuchend zu ihrem Freund hin. Ich sagte noch einmal: ›Verzeih mir!‹ Da nickte sie, ernst und schwer und sah mich voll an – wie ein reifer Mensch und sagte leise: ›Ja‹ und noch einmal: ›Ja‹. Sonst nichts. Aber sie zog die eine ihrer heißen Hände aus denen ihres Freundes und gab sie mir.«

Der alte Herr stand auf, nahm das Licht von der brennenden Kerze am Baum und zündete damit die andere an. »Ich war in mir arm geworden«, fügte er dann hinzu,« aber mein Amt war noch nicht von mir genommen. Es saßen ja noch viele Kinder vor mir und ich wollte sie lieben und mich von ihnen lieben lassen. Und ich konnte noch lernen: Wenn ich ein scheues, hilfloses Gesichtlein vor mir sah, dann entzündete meine schmerzliche Erinnerung eine besonders helle Flamme der Liebe in mir an, ihm mein ganzes Vertrauen zu schenken.«

Anna Schieber

60. Der gestohlene Pastor

Hinführung: Keinen Pastor im Dorf mehr haben – das wird in vielen kleinen Gemeinden schon schmerzlich erfahren. Wir hören von einer kleinen Gemeinde, die das schon kurz nach dem letzten Weltkrieg ertragen musste und sich was einfallen ließ.

Vorlesedauer: ca. 11 Minuten

Die Geschichte, die ich hier erzählen will, spielt nach dem Krieg. Krieg ist immer das Schlimmste, was über die Menschen kommen kann, und überall bleiben sie müde und zerschlagen zurück, wenn es endlich um sie herum wieder ruhig geworden ist. Die Angst ist zwar vorbei, aber bis die Menschen sich wieder aufs Leben besinnen können, dauert es eine ganze Weile.

Ein Krieg war nun also vorbei, aber Not und Sorge hatte er bei den Menschen zurückgelassen. Weihnachten stand vor der Tür, aber was für ein Weihnachten! Da war im ganzen Dorf kein Schwein mehr im Stall; und die letzten Gänse hatten die Soldaten mitgenommen, die noch vor sechs Wochen durchs Dorf gezogen waren. Ein bisschen Mehl und Butter hatten die Frauen gespart und versteckt, damit es zumindest einen Stuten geben konnte zum Fest.

Aber was das Schlimmste war: Es ging jetzt auf Weihnachten zu, und sie hatten keinen Pastor für ihre Kirche. Ihre Kirche – ach, das war nur noch ein armseliger Rest von dem, was früher da gestanden hatte. Auch davor hatten die Fremden nicht haltgemacht; sie hatten darin gegrölt und getrunken; sie hatten alles mitgenommen, wovon sie dachten, dass es was wert sei; und zuletzt hatten sie sogar noch Feuer gelegt. Aufgeräumt hatten Leute vom Dorf in ihrer Kirche so gut, wie sie nur konnten.

Sie hatten den Schutt beiseite geräumt, hatten das Dach wieder dicht gemacht und auch die Fenster zugenagelt. Solch schönes, buntes Licht wie früher schien nun nicht mehr in die kleine Kirche, aber Regen und Schnee blieben jedenfalls draußen. Aber was hätte ihnen auch die schönste und reichste Kirche genützt, wenn sie keinen Pastor hatten? Der letzte, den sie gehabt hatten, war eines Tages abgeholt worden. Warum und wohin – danach fragte schon lange niemand mehr. Einmal hatten sie nun schon Weihnachten ohne Pastor feiern müssen, einmal Karfreitag und Ostern und Pfingsten – aber noch einmal Weihnachten ohne Kirchgang? Das mochte sich niemand von ihnen vorstellen.

Wenn einer gestorben war im Dorf, dann hatten sie ihn gemeinsam zum Kirchhof gebracht und gemeinsam ein Vaterunser gesprochen. Manchen Sonntag hatten sie auch versucht, einen Gottesdienst zu halten – sie hatten aus der Bibel gelesen und aus den alten Gesangbüchern zusammen gesungen, so gut es gehen wollte; denn die kleine Orgel sagte auch schon lange keinen Ton mehr. Zuletzt waren es die Frauen gewesen, die lange vor Weihnachten davon geredet hatten, dass sie in diesem Jahr am Heiligabend einen richtigen Gottesdienst haben wollten. Und als sie lange genug ihren Männern damit in den Ohren gelegen hatten, und als auch noch Peter Meiners' Schwester erzählt hatte, in ihrer Gemeinde in der Stadt gäbe es sogar zwei Pastoren, da stand es auch bei den Männern fest: Wenn kein Pastor zu uns kommt, dann müssen wir uns eben einen holen.

Pastor Voss saß alleine in seiner kleinen Stube und schaute mehr aus dem Fenster als auf seinen Tisch, wo er mit seiner Weihnachtspredigt angefangen hatte. In der letzten Nacht hatte es schon angefangen zu schneien, und heute wollte es den ganzen Tag nicht richtig hell werden. Noch hatte er ein paar Stunden Zeit, ehe er auf die Kanzel steigen und den Menschen etwas über Weihnachten sagen sollte. Er hatte wieder gelesen, was bei Lukas stand: »Siehe, ich verkündige euch große Freude...«, und was Jesaja über das Erscheinen des Messias vorausgesagt hatte: »Über denen, die da wohnen im finstern Lande, scheint es hell...« Ihn fror, sein Bein tat ihm wieder weh, draußen wurde es dunkel und in ihm auch. Weiter stand da: »Mache dich auf, werde licht; denn dein Licht kommt...«

»Also, tut mir Leid, ich kann das Licht nicht sehen«, sagte er laut zu sich selber und klappte die Bibel zu. Wo war dieses Licht denn in all den Jahren gewesen? Hatte nicht Dunkelheit regiert? Und jetzt? Wie sollte es weitergehen? War das vielleicht das Ziel seines Weges – dies kleine kalte Zimmer und dies Alleinsein? Waren das seine Nächsten: die brummige Alte, bei der er wohnte, und der betagte Amtsbruder, der endlich in den Ruhestand wollte? Ja sicher, er würde nachher predigen, sein Mund würde ohne große Mühe die Worte finden, die die Leute am Heiligenabend hören wollten; aber in ihm, da klang nichts mit, da blieb es gleichgültig und kalt.

Ein Glück war ja nur, dass er nach dem Gottesdienst eingeladen war; dass er nicht den ganzen Abend hier alleinbleiben musste. Der wohlhabende Getreidehändler von gegenüber hatte ihn gebeten, und da gab es bestimmt etwas Gutes zu essen.

»Ein Lichtblick«, dachte er – und im gleichen Augenblick schoss es ihm durch den Kopf, »du hast es ja wirklich mal weit gebracht, wenn das dein Lichtblick ist zu Weihnachten: Aussicht auf einen Gänsebraten!«

Er nahm seine Bibel wieder in die Hand, als es an die Tür klopfte. Draußen hatte das Schneien zugenommen, und er konnte nur gerade zwei Gestalten wahrnehmen, die vor seiner Tür standen. Sie waren dick angezogen, und ihre Schafsfellmützen saßen so tief über den Ohren, dass Voss nichts von den Gesichtern erkennen konnte. Auf der Straße stand ein einfacher Kastenwagen mit Schlittenkufen und zwei dicken dampfenden Pferden davor.

»Wir möchten Sie nicht gerne stören, Herr Paster«, sagte der eine, »aber wir wollten Sie bitten, mit uns zu kommen. Wir haben eine Kranke, die nach'm Paster verlangt.«

»Ja, ich weiß nicht…, ich kann eigentlich nicht…« Sie kamen einen Schritt näher.

»Muss sein, Herr Paster, dat helpt nu nich.«

Angst kam in ihm hoch, eine Angst, von der er gedacht hatte, dass sie für alle Zeiten vorbei wäre. Mein Gott, der Krieg war doch aus; es konnte doch nicht sein, dass einer heute noch abgeholt würde.

»Ich kann nicht mitkommen«, sagte er mit fester Stimme, »es tut mir Leid, ich muss heute Abend predigen.«

»Damit hat das keine Not, Herr Paster, hier gibt es ja noch einen Paster – und das soll ihr Schaden auch nicht sein.«

Die beiden standen nun so dicht vor ihm, dass an Weglaufen nicht mehr zu denken war. »Na gut, dann muss es wohl sein«, sagte er und langte seinen Mantel vom Haken.

»Frau Marten«, rief er noch nach oben, »sagen Sie bitte drüben Bescheid, ich bin zu einer Kranken geholt worden.« Und kaum hatte er die Tür hinter sich zugemacht, als er sich auch schon von zwei starken Armen in den Wagen gehoben fühlte. Der eine von den beiden Männern nahm die Zügel und ermunterte mit »Hüh« und »Los nu« die beiden Pferde, sich in Gang zu setzen. Der andere wickelte den Pastor, ehe er sich besinnen konnte, in eine große Decke, steckte seine Füße in ein Paar übergroße Holzschuhe, die mit Stroh ausgestopft waren, und zog ihm eine raue wollene Mütze über die Ohren.

So saß er denn zwischen seinen beiden »Räubern«, war so dick eingepackt, dass er sich nicht rühren konnte, und hatte keine Ahnung, was sie mit ihm vorhatten. Er wusste nicht, ob er zornig oder ängstlich sein sollte. Nach kurzer Zeit waren sie auf dem Weg aus der Stadt heraus. Ein paar Lichter der letzten Häuser, die er eben noch hatte sehen können, blieben auch zurück. »Wie weit ist es denn zu der Kranken?« fragte er. Er bekam keine Antwort. »Was haben Sie mit mir vor?« fragte er wieder nach einer Weile.

»Sie brauchen keine Angst zu haben, Herr Paster«, kam da eine tiefe Stimme von der Seite, »oh nee, jo nich, keen Bang. Sie werden schon sehn.« Und eine Hand klopfte auf die Decke, da, wo seine Hände drunter verpackt lagen.

»Heute ist doch Weihnachten, Herr Paster.«

Ja, Weihnachten. Ihm kam es vor, als wäre es lange, lange her, dass er sich Gedanken über Weihnachten gemacht hatte. Aber er merkte auf einmal – seine Angst war weg, er fühlte sich sehr zufrieden hier in seinen warmen Decken. Um ihn herum war alles still, nur das Gleiten der Kufen im Schnee und das Schnauben der Pferde waren zu hören.

»Das ist nämlich so, Herr Paster«, fing nach einer Weile die tiefe Stimme wieder an. »Wir fahren in unser Dorf. Wir hatten seit Jahren keinen Paster mehr, und wir wollen nicht noch mal Weihnachten ohne Andacht in unserer Kirche haben. Und da sind auch sieben kleine Kinder, die noch nicht getauft sind.« Und als gäbe es weiter nichts zu sagen und auch nichts zu fragen, blieb es wieder still.

Pastor Voss hatte ja nun Zeit, darüber nachzudenken. »Das geht doch nicht, ich soll doch predigen«, dachte er, »und um sieben bin ich doch eingeladen. Außerdem weiß ich ja gar nicht, ob ich überhaupt darf…«

Und dann merkte er auf einmal, dass diese Gedanken ihn mehr und mehr gleichgültig ließen, dass sie hinter ihm zurückblieben wie die Lichter der Stadt. Er fühlte so einen heiteren Frieden in sich wie schon lange nicht mehr. Was hatten die Leute vorhin gesagt: »Das soll ihr Schaden auch nicht sein.« Nein, das konnte wohl für niemanden ein Schaden sein, sich so warm und leicht zu fühlen.

An einem einsamen Hof, den man in der Dunkelheit kaum sehen konnte, wurde angehalten, um die Pferde zu wechseln. Eine Frau trat mit einer Laterne an den Schlitten heran und hielt ihm einen dampfenden Becher hin. »Hier, trinken Sie, ein bisschen heiße Milch mit Honig, das wird Ihnen gut tun, Herr Paster. Das werden wir Ihnen nie vergessen, dass sie heute zu uns kommen.«

Und in ihrem Gesicht, das er bei dem Schein der kleinen Laterne gerade eben wahrnehmen konnte, leuchteten die Augen hell auf: »Wir freuen uns so auf Weihnachten!«

Da war ja das Licht, das er in seiner kalten Studierstube gesucht hatte: Hier in den Augen eines Menschen, der sich auf die alte Weihnachtsbotschaft freut.

Sie waren schon lange wieder auf dem Weg, und er dachte immer noch an das Licht, das er jetzt gesehen hatte. Und nun wusste er: Das war die Weihnachtsbotschaft: dass die Freude auf die Erde gekommen ist und dass ein Mensch diese Freude an den anderen weitergeben soll. Auf einmal sagte die Stimme neben ihm: »Hören Sie, Herr Paster? Was da läutet, das ist unsere Kirche.« Es kam nur ein armseliges Bimmeln übers Feld, das nur wenig an das vielstimmige Läuten erinnerte, wie es jetzt wohl auch in der Stadt zu hören sein würde.

»Nun machen sich alle Leute auf den Weg zu unserer Kirche, und alle freuen sich auf Weihnachten.«

Als sie dann angekommen waren bei der kleinen Kirche, als das Bimmeln aufhörte und Pastor Voss mit noch ein bisschen steifen Beinen von der langen Fahrt hineinging, da sah er sie da alle stehen, Kopf an Kopf. Er ging durch sie hindurch, hin zum Altar und sah in ihren Augen das helle Licht von Weihnachten, nach dem er so lange gesucht hatte.

Renate Delfs

60. Der gestohlene Pastor

61. Der alte Marionettenspieler

Hinführung: Die Frau des Marionettenspielers stirbt an Weihnachten. Der Alte sieht für sich keine Zukunft mehr, weil seine Mitspielerin nicht mehr da ist. Aber da gibt es noch einen, der mitdenkt!
Vorlesedauer: ca. 7 Minuten.

Als ein Pferd einen grünen Wohnwagen ins Dorf zog und auf dem kleinen Platz unter der alten Linde stehen ließ, staunten alle im Dorf. Was wollte »Kasper« – so nannten alle die Hauptperson des Marionettentheaters –, was wollte der im Winter hier? Es war zwar für die Jahreszeit noch milde, aber die Zuschauer konnten doch nicht im Freien sitzen!

Die Kinder freuten sich. Sie waren wie besessen auf Kaspar. Er verteilte Freikarten und zog sie so von der Vorbereitung auf Weihnachten weg. Aber sie merkten: Mit Kaspar stimmte etwas nicht; er war alt geworden, ging gebeugt, das Gesicht war grau. Er zwinkerte auch nicht mehr mit den Augen, wenn er auf der Dorfstraße einen Jungen oder ein Mädchen traf. Dann sprach es sich herum: Seine Frau lag im Wohnwagen und war krank, sterbenskrank. Jetzt hatten bei den Vorstellungen alle Puppen ein und dieselbe Sprache: die Sprache eines müden alten Mannes. Das war einmal anders gewesen bei den Stücken von der Räuberpistole oder Doktor Faust.

Es wurde immer stiller im Wohnwagen – nur hin und wieder hörten sie ein Stöhnen. Die beiden kleinen Fenster waren verhängt, die Tür immer geschlossen. In der Nacht zum Heiligabend starb Kaspars Frau. Wenig später ging er zum Pfarrer. Die Mütze in der Hand, sprach er: »Gott ist ihr gnädig gewesen, Herr Pastor! Sie ist herübergeschlafen.« Dann fügte er zufrieden und dankbar hinzu: »Sie hat nie geklagt, auch wenn es uns ganz dreckig ging. Ja, sie war mir gut. Sie war früher sehr hübsch. Wir hatten ein Kind. Es ist uns gestorben. Nun bin ich ganz allein und die Einsamkeit ist furchtbar.«

Der Pfarrer ließ den Schausteller reden. Er gehörte zu den Geistlichen, die ein Herz hatten für die Außenseiter und eine geheime Schwäche für alle, die »anders« waren. Dazu war er ein praktischer Mann: »Wir wollen Ihrer Frau noch an Gutem tun, was wir können. Sie soll auf unserem Friedhof ihre letzte Ruhe finden. Sie sind evangelisch?« »Ja, wir haben eine Bibel im Wagen, die wir oft gelesen haben. Herr Pastor, was hätte man da alles spielen können! Nach der Bibel! – Das lohne Ihnen Gott, dass Sie ihr das letzte Geleit geben. Ja, wir sind evangelisch. Ich kann auch alles bezahlen. Schade nur, dass wir dem Dorf das schöne Fest stören. Das tut mir Leid!«

»Sie stören das Fest nicht!« Der Pfarrer machte sich einige Notizen. »Und was gedenken Sie nun zu tun?«

»Das ist eine schwierige Frage«, erwiderte der alte Mann, »ich kann nämlich nicht mehr. Und ich kann nicht auch die Frauen- und Mädchenstimmen sprechen!«

Wenig später wurde Kaspars Frau in die Friedhofshalle getragen. Die Männer des Dorfes, die diesen Dienst hatten, waren dabei mürrisch, wenn nicht verärgert – aber es war ja Weihnachten, da durfte man diesen Dienst schließlich keinem Menschen verweigern. Sie legten sogar einen Arm voll Tannenreisig um den Sarg der toten Puppenspielerin.

Zur Christvesper war die Kirche voll; auch Kaspar war da. Er saß in einer dunklen Ecke, aber die Kinder erkannten ihn sogleich. Dann war endlich das Schlusslied gesungen und alle drängten schnell nach Hause. Der Pfarrer ging auf Kaspar zu: »Darf ich Sie bitten, zu mir ins Pfarrhaus zu kommen?« »Sie sind so gut zu mir«, antwortete Kaspar, »aber lassen Sie mich in meinem Wagen. Ich habe in der Stille noch viel zu reden – mit ihr, solange sie noch nicht unter der Erde ist. Ich habe ihr zu danken. Ich habe Gott zu danken!« Er sah sich um: »Lassen Sie mich hier noch ein bisschen aufräumen: Da liegen noch Gebetbücher herum – und da ein kleiner Handschuh. Aber um ein Körbchen Briketts darf ich herzlich bitten.«

In den Häusern hatte die Bescherung begonnen. Die Kleinen

und die Großen hatten ihre Freude. Manche aber schienen gehemmt. »Unsere Große trauert wahrhaftig um Kaspars Frau«, ließ sich eine Mutter vernehmen. Und ein Vater sagte mit rauer Stimme: »Habt ihr dem Mann schon etwas geschenkt?«

So kam es, dass hin und wieder an Kaspars Tür geklopft wurde. Aber es gab auch die erfrorenen Herzen, die kommentierten: »Eine Leiche über das Fest – das bedeutet nichts Gutes!«

Während der Pfarrer über der Weihnachtspredigt brütete, sah er im Geiste Kaspar durch die Kirchbänke gehen und Gesangbücher zusammentragen. Da kam ihm ein Gedanke. Am ersten Feiertag lud er die Ältesten auf ein Stündchen zum Abend des zweiten Feiertages zu sich ein. Er redete nicht um den heißen Brei herum, sondern sprach sie darauf an: »Fändet ihr nicht gut, einem Heimatlosen eine Heimat zu schenken – für die paar Jahre, die er noch zu leben hat? Jetzt, zu Weihnachten. Hier in der Gemeinde?!«

»Das geht doch die Behörde an!«, meinten sie.

Der Pfarrer sah sie der Reihe nach an: »In der Küsterei steht die Dachstube schon lange leer. Die Gemeinde hat seit Jahren keinen Küster. Und auf dem Friedhof will schon lange keiner mehr die Schaufel mit Erde halten!«

»Was?«, polterten sie, »einen ›Kasper‹ als Küster? Da gehen Sie aber zu weit! Ein Puppenspieler!!«

Der Pfarrer wurde nicht zornig, aber ernst: »Lebt ihr noch im vorigen Jahrhundert? Eure Kinder freuten sich, wenn Kaspar kam; sie spielten abends in den Betten seine Stücke – ja, mit verstellter Stimme! Sie können ganze Partien auswendig. Und auch euch habe ich gesehen, wie ihr zuhörtet und euch freutet. Der Mann hat Freude geschenkt – oder nicht?!«

Sie schwiegen.

»Können wir das von uns sagen?«, beharrte der Pfarrer. »Ich halte euch oft harte Predigten, Droh- statt Frohbotschaften. Schenkt ihr in euren Familien immer Freude?« Und schließlich: »Ihr würdet mir damit eine Freude machen – zum Fest.«

»Ja, wenn Sie das wollen, Herr Pastor!«

»Ich möchte, dass auch ihr ihn wollt!«

Schließlich stimmten sie zu.

»Aber ich muss ihn natürlich auch noch selber fragen! Es wäre auch gelacht, wenn wir keinen Lohn für ihn zusammenbrächten!«

Zwei Tage nach Weihnachten wurde Kaspars Frau begraben. Er weinte um seine Gefährtin. Und er tat etwas, was die vom Dorf nie gewagt hätten: Er dankte ihr am offenen Grab für alles.

Kaspar blieb im Dorf. Er verkaufte die Spielbude und machte aus dem Wohnwagen Brennholz. Er nahm sein neues Amt mit Freude an.

Und im Dorf wusste man zu erzählen, er säße mitunter mit dem Pfarrer zusammen. Da tüftelten sie Spiele nach der Bibel aus. Die sollten die Kinder und sogar junge Leute in der Kirche aufführen.

Alfred Otto Schwede

62. Der kleine weisse Spitz war schuld

Hinführung: Wer kennt noch die Not der Nachkriegszeit? Wir hören eine einfühlsame ehrliche Geschichte aus jener Zeit, die mit einem befreienden Lachen endet.

Vorlesedauer: ca. 10 Minuten.

Es war im Winter, am ersten Advent, erzählte der Mann. Meine Frau hatte unsern letzten Damastbettbezug mit zwei Kopfkissen bei einer Hamsterfahrt eingetauscht. Ein Pfund Mehl, ein Viertelliter Öl und eine Handvoll Zucker waren davon noch übrig. Ich litt beständig unter einem nagenden Hungergefühl.

Am Abend vor dem ersten Advent sagte meine Frau: »Morgen backe ich einen Kuchen.«

Als ich am Morgen erwachte, roch die ganze Wohnung nach

frisch gebackenem Kuchen. In der Küche stand das Wunderwerk auf dem Tisch, braun und knusprig. Wenn es nach mir gegangen wäre, hätte ich den Kuchen sofort angeschnitten. Aber davon wollte sie nichts wissen. Frauen haben vom Feiern so ihre eigenen Vorstellungen.

Nach dem Frühstück gingen wir zum Gottesdienst. Vor der Kirchentür trafen wir mit den Müllers zusammen. Wir hatten die Müllers vor ein paar Wochen kennen gelernt und sie seitdem nur einige Mal von weitem gesehen. Wir wussten von ihnen nur, dass sie Flüchtlinge waren.

Sie hatten nie besonders gut ausgesehen, aber an jenem Morgen glichen sie, blass und abgemagert, wie sie waren, Schwindsüchtigen im letzten Stadium. Wahrscheinlich ging meiner Frau der Anblick der beiden Elendsgestalten ebenso zu Herzen wie mir, denn sie sagte: »Besuchen Sie uns einmal! Aber recht bald! Sie würden uns eine große Freude damit machen!« Die Augen in Frau Müllers magerem Vogelgesicht begannen zu strahlen.

Während der Predigt wurden meine Gedanken – zu meiner Schande sei es gesagt – mit magnetischer Kraft zu dem Kuchen heimwärts gezogen. Hunger ist wie eine Krankheit.

Endlich war es dann soweit. Die Stube roch nach Kerzen und Tannengrün. Das gute Geschirr stand auf dem Tisch und der Tee kochendheiß unter der Haube. Meine Frau nahm das Messer, um den Kuchen anzuschneiden – da schrillte die Klingel. Wir saßen sekundenlang erstarrt. Dann, als es zum zweiten Mal klingelte, erhob sich meine Frau, schlich auf Zehenspitzen zur Tür und warf einen verstohlenen Blick durch den Spion. »Die Müllers«, flüsterte sie erbleichend, »hätten wir doch heute morgen...«

»Vielleicht gehen sie wieder weg«, gab ich zu bedenken, obwohl ich nicht daran glaubte.

»Sie sind nicht Zuhause«, hörte ich Frau Müller sagen. Ihre Stimme klang so enttäuscht, dass es mir ins Herz schnitt. Ich hielt den Atem an. »Sie haben es doch gesagt ... Jetzt haben wir den Kindern unser Mittagessen gegeben... sie haben doch keine Kinder...

ich dachte, dass vielleicht…« Die Stimme erstickte in leisen Schluchzen. »Nun wein doch nicht, Lottchen«, versuchte Herr Müller zu trösten.

Ein kurzes Schnäuzen, dann erleichtert: »Du hast recht. Wir wollen noch etwas warten. Wenn sie weggegangen sind, werden sie sicher bald zurückkommen.«

Ich spürte das Blut vom Hals herauf ins Gesicht steigen. Ich schämte mich vor mir selbst. Aber ich war viel zu gierig, um auch nur die Möglichkeit zu erwägen, den Kuchen mit den beiden Ärmsten zu teilen. Ich sagte ratlos zu meiner Frau: »Sie gehen nicht weg. Mein Gott, was sollen wir denn jetzt tun?«

In diesem Augenblick drang von draußen Frau Müllers Stimme in freudiger Erregung: »Du, da hat sich drinnen was bewegt.«

Jetzt war Eile geboten. »Schnell, schieb den Kuchen unters Sofa«, sagte meine Frau. Mit raschem Handgriff beförderte sie Messer und Kuchenteller in den Schrank. Dann ging sie hinaus, um zu öffnen. Die Freude der Müllers war rührend.

»Entschuldigen Sie bitte, dass wir Sie warten ließen«, sagte meine Frau.

Alles wäre gut gegangen, wenn sie nur ihren Spitz nicht mitgebracht hätten. Pfeilgeschwind schoss das kleine Ungeheuer in Richtung Sofa. Er gebärdete sich wie toll. Erst als Herr Müller ihn auf den Arm nahm, wurde er langsam wieder normal, ohne jedoch das penetrante Schnuppern einzustellen.

Inzwischen hatten die Müllers abgelegt. »Wir haben den Tee gleich zu Mittag mitgekocht, um Kohlen zu sparen«, sagte meine Frau. »Unser Gasherd ist nämlich kaputt.« So reihte sich Lüge an Lüge. Eine gebar, gewissermaßen ganz von selbst, die nächste.

Der Tee wurde eingegossen. Man setzte sich. Ich sah die gespannte Erwartung in Frau Müllers kleinem, verhungertem Vogelgesicht einer fassungslosen Enttäuschung weichen, nahm ihre krampfhafte Bemühung wahr, die Tränen zurückzuhalten und sich nichts anmerken zu lassen.

Herr Müller hatte den Spitz wieder auf den Fußboden gesetzt, und damit nahm das Unheil seinen Lauf. Ich hatte mich in weiser Voraussicht auf das kurze Sofa gesetzt. Der Hund kroch unter den Tisch und versuchte an meinen Beinen vorbeizukommen. Er benahm sich wie besessen, quietschte, jaulte, fauchte und knurrte, während er mit aller Kraft versuchte, meine Beine beiseite zu schieben, die seinen schmächtigen Körper wie in einem Schraubstock gepresst hielten. Das Müllersche Ehepaar, von dem Benehmen ihres Hundes peinlich berührt, entschuldigte sich vielmals und beteuerte wie aus einem Munde, dass der Spitz sonst eigentlich immer recht brav wäre. Ich verwünschte den Kuchen. Die Konversation schleppte sich träge dahin.

Die Kinder hätten sie daheim gelassen, sagte Frau Müller, sie seien schon die dritte Woche erkältet. Kein Wunder bei den fehlenden Kohlen und der ungenügenden Ernährung. Ja, und den Spitz hätten sie auch schon längst abgeschafft, für ihn gäbe es ja keine Lebensmittelkarten, aber die Kinder hingen so an ihm, und sie hätten doch weiter nichts, keinen Schlitten, kein Spielzeug. Er sei mit acht Wochen zu ihnen gekommen, habe die Flucht mitgemacht, und seither gehöre er zur Familie. Alle hätten ihn lieb. So teilten sie und ihr Mann immer ihr Essen mit ihm, und auch die Kinder gäben ihm immer ein Stück von ihrem Brot ab.

Währenddessen brachte sich der Spitz unterm Tisch bald um. Ich versuchte, ihn von seinem Vorhaben abzubringen, schmeichelte ihm mit zärtlichen Ausdrücken – ohne Erfolg. Ich fluchte in Gedanken, auch das sei zu meiner Schande gesagt, in einer Art, die mir unter normalen Umständen nicht einmal im Traum eingefallen wäre, denn ich bin ein Kinder- und Hundefreund.

Und dann war plötzlich alles aus. Ich bekam einen Krampf in beide Unterschenkel und spürte den Schmerz bis ins Kreuz hinauf. Ich war am Ende meiner Kraft. Ich bückte mich, zog den Kuchen unterm Sofa hervor und stellte ihn auf den Tisch.

»Wir haben einen Kuchen gebacken«, sagte ich mit matter Stimme, ohne die Augen zu heben, »und wir haben ihn vor euch versteckt, weil wir ihn allein essen wollten.«

Ich heulte. Ich kann mich nicht erinnern, als erwachsener Mensch jemals geweint zu haben, obwohl der Krieg genügend Anlass dazu geboten hätte. Ich war fast immer an der Front. Das, was damals geschah, zu ändern, lag nicht in meiner Macht. Aber dies hier war etwas anderes. Hier stand meine Habgier gegen Hunger, Hoffnung und gläubiges Vertrauen in den christlichen Bruder.

Als ich mich gefasst hatte, bemerkte ich, dass die anderen ebenfalls verweinte Augen hatten. Die schmächtige Frau Müller durchbrach als erste den Bann des Schweigens. »Ich weiß, wie weh Hunger tut«, sagte sie schlicht, »ich hätte es wahrscheinlich ebenso gemacht.« Und plötzlich begannen wir zu lachen, ganz grundlos, mehr aus Verlegenheit, aber es wurde ein frohes, befreiendes Lachen.

Sie wollten aufbrechen, aber davon konnte nun keine Rede mehr sein. Wir schickten Herrn Müller nach Hause, um die Kinder zu holen. Indessen plünderten wir Schrank und Keller und beförderten verborgene Schätze zutage: ein Glas Apfelmus, eine Flasche Johannisbeersaft, zwei Flaschen Wein und eine große Tüte Zwieback. Als dann alle um den Tisch versammelt saßen, wurde unter dem Hallo der Kinder der Kuchen angeschnitten. Alle wurden satt. Sogar der Spitz bekam seinen Teil.

Als der Tisch abgeräumt war, sangen wir Adventslieder. Es wurde noch ein gemütlicher Abend.

Es war der schönste Advent meines Lebens – und der Beginn einer noch heute währenden Freundschaft.

Aber ein Stachel ist geblieben. Bis zum heutigen Tag.

Renate Sprung

63. Russland – am Heiligabend 1946

Hinführung: Wir sind mitten im Wohlstand oft unzufrieden. Da kann es nicht schaden, sich die mutige Geschichte aus russischer Gefangenschaft anzuhören.
Vorlesedauer: ca. 3 Minuten.

Im Lager der deutschen Kriegsgefangenen ist es still geworden. Todmüde von der schweren Arbeitsschicht im Kohlenbergwerk, haben sich die meisten aufs Lager hingestreckt, den schmutzigen Bergmanns-Anzug über den Kopf gezogen, damit man ja schnell hinüberschlummert ins Land der Träume – diese goldene Brücke zur Heimat.

Nur ein paar Unentwegte versuchen, Weihnachten zu feiern. Ein paar Texte und halbfalsche Melodien alter Weihnachtslieder, das ist alles. Eine Grubenlampe wirft ihr unruhiges Licht in den weiten Raum, in dem heute so viel Heimweh und Sehnsucht schlummern.

Da wird plötzlich die schwere Riegeltür aufgerissen, und das von den Kriegsgefangenen am meisten gefürchtete Kommando versetzt alle in die harte Gegenwart zurück: »Das ganze Lager antreten!« Wahrscheinlich ein üblicher Zählappell mit stundenlangem Warten in der Kälte.

Von den Wachtürmen suchen Scheinwerfer die in Reih und Glied stehenden, frierenden Gestalten ab. Wache und Lagerkommandant, in Mantel und Pelz gehüllt, treten vor. Ein Dolmetscher wird zum Kommandanten gerufen. Satz für Satz übersetzt er ins Deutsche, dass es alle verstehen können:

»Kriegsgefangene! In eurer deutschen Heimat wird heute von Reaktionären ein Fest gefeiert, das zwei Tage dauert. In der Sowjetunion hat man keine Zeit, Feste zu feiern. Da wird gearbeitet zum Wohle aller Proletarier der Welt, damit für sie bald die Befreiungsstunde schlägt. Darum singt jetzt zum Zeichen eurer Verbundenheit mit allen Werktätigen die »Internationale!«

Schon beginnt der Dolmetscher vorne: »Wacht auf, Verdammte dieser Erde…« Und die tausend Gefangenen schweigen – – –; im Hintergrund beginnt einer ein anderes Lied, einige singen mit, erst zaghaft: »Stille Nacht – Heilige Nacht…« dann aber stimmen alle ein, voll und kräftig. Die erste Strophe ist beendet. Der Dolmetscher wiederholt eben den Schluss der »Internationale«: Völker, hört die Signale…«, da erklingt wie ein Trutzlied die andere Strophe des »Stille Nacht«, und die letzten Worte singen, nein, rufen tausend Mann in die geheimnisvolle Nacht: »CHRIST, der RETTER ist da!« Das klingt wie ein begeistertes Glaubenbekenntnis und dringt hinaus durch den dreifachen Stacheldrahtzaun, hinein in die endlose russische Steppe.

Dann herrscht atemberaubende Stille.

Der Kommandant richtet an den Dolmetscher eine Frage. Die Antwort erklingt laut:

»Das war die ›INTERNATIONALE‹ – nach deutscher Melodie!«

64. Sergej

Hinführung: Es gab im Zweiten Weltkrieg und danach genug kommunistische Soldaten, die von Gott und Kirche nichts hielten, aber sie haben sich manchmal ein Fingerspitzengefühl für etwas bewahrt, das uns zunehmend abhanden kommt.
Vorlesedauer: ca. 7 Minuten.

Der große Krieg war schon vorbei. Allerdings noch nicht lange.

Mein Freund Theo, der Pfarrer, und ich waren gerade dabei, unsere Kirche wieder herzurichten, denn wir wollten so bald wie möglich wieder Gottesdienst in ihr halten. Sie sah schlimm aus. Die letzten Kriegstage hatten ihr arg mitgespielt. Der Boden war mit Schutt und Schmutz bedeckt, auf der Empore hatte es gebrannt, der Wind pfiff durch die Fensterhöhlen. Aber die Decke war heil, einen Teil der Bänke konnte man noch gebrauchen, und auch Altar und Kanzel waren unversehrt. Darum waren wir mit Eifer bei der Sache. Die Arbeit war allerdings ziemlich schwierig. Denn wir hatten gar kein Gerät, keine Schubkarren, keine Schaufeln, keine Bretter. Wir hatten nur einen alten Besen, zwei Eimer und unsere beiden Hände. Alles andere hatte der Krieg gefressen.

Plötzlich hörten wir Schritte. »Was ihr da machen?« fragte eine raue, tiefe Stimme. Wir fuhren herum und erschraken. Denn da stand ein russischer Soldat, die Maschinenpistole unter dem Arm. Und wir hatten damals alle Angst vor den Russen. Es wurden viele schlimme Dinge von ihnen berichtet. Und vor allem wussten wir, dass die kommunistischen Soldaten von Gott und der Kirche gar nichts wissen wollten.

»Wir räumen auf«, sagte Theo. »Wir wollen hier nächsten Sonntag Gottesdienst halten.« »Nicht gutt«, sagte der Soldat. »Die Menschen draußen haben keine Häuser, Häuser wichtiger als Kirchen.« »Die Menschen draußen haben keinen Mut, ihre Häuser wieder aufzubauen«, sagte Theo. »Hier werden sie Mut gewinnen.« »Mut, hier?« sagte der Soldat. »Warum hier?«

»Der da«, sagte Theo und zeigte auf den Gekreuzigten über dem Altar, »war auch kaputt, genau wie wir. Und Gott hat ihm geholfen.« Der Soldat sah zum Altar hin. Dann brummelte er etwas Unverständliches, drehte sich um und stapfte hinaus. Eine Stunde später hörten wir ein Auto vor der Kirche stoppen.

»He, Pfarrer!« schrie es. Wir gingen hinaus. Da stand unser Soldat vor einem Lastauto, und auf dem Wagen – wir trauten unseren Augen nicht! – waren Schubkarren, Schaufeln, grobe Besen, ein Stapel Bretter und zwei Rollen Drahtglas, lauter Dinge, die wir für unsere Kirche so nötig brauchten und die doch damals nirgends aufzutreiben waren.

»Komm, fass an!« sagte der Soldat zu mir und lachte. So brachten wir alle die Herrlichkeiten hinein in die Kirche. »Vielen Dank«, sagte Theo und wollte dem Soldaten die Hand geben.

»Nix«, sagte der, »los, arbeiten, arbeiten!« Und damit fing er an zu arbeiten. Wir waren einfach sprachlos. Da kam ein Feind und half uns, unsere Kirche wieder herrichten. Warum tat er das? Ganz beschämt gingen wir wieder an unser Werk. Damit ging es nun viel schneller voran. Wir hatten gutes Werkzeug, und unser Soldat schuftete mit uns. In ein paar Stunden hatten wir den ganzen Schutt hinausgeschafft. Dann sagte Theo: »Schluss für heute!« und wir stellten unser Gerät fort. Draußen drehte der Soldat sich eine Zigarette. »Ich Sergej«, sagte er. Auch wir stellten uns vor. Dann fragte Theo: »Warum hilfst du uns, Sergej? Glaubst du auch an Gott?« Sergej lachte. »Ich, nein. Ich Kommunist. Aber meine Mutter. Alte Leute sind so.« »Und von dem da«, Theo zeigte zum Altar hin, »hat dir deine Mutter erzählt?« – Sergej nickte. – »Deine Mutter ist eine gute Frau, denn sie hat einen guten Sohn« sagte Theo ernst. – »Nicht gut«, meinte Sergej leise, »nein, gar nicht gut.« Dann sprang er in seinen Wagen und fuhr davon. Von nun an half Sergej uns jeden Tag ein paar Stunden bei unserer Arbeit. Und am Sonnabendmittag waren wir fertig. Da holte Sergej einen länglichen, offenbar ziemlich schweren Gegenstand aus dem Auto. »Ich habe etwas ... wie sagt ihr? ... organisiert.« Er lachte verlegen und doch glücklich wie ein Junge, der eine Überraschung vorhat. Er packte sein Paket aus. Zum Vorschein kamen vier Wachskerzen, über einen Meter lang und dicker als ein Männerarm.

»Junge, Junge«, sagte ich, denn Kerzen waren damals eine große Kostbarkeit. Dann tat Sergej etwas sehr Merkwürdiges. Er trug die vier Kerzen wie eine Opfergabe zum Altar und legte sie dort nieder. Dann beugte er sich und küsste den Altartisch. Er sah sehr schön aus, der Soldat, als er sich vor dem Gekreuzigten neigte.

Dann kam er zu uns zurück und war sehr verlegen. Aber er sagte leise: »Für euren Altar, für ... für den da!« und gab uns die Hand und verschwand. Als er fort war, ging Theo zum Altar und nahm eine der Kerzen in die Hand.

»Schön sind sie«, sagte er. »Schade, dass wir sie nicht gebrauchen können. Sie sind viel zu schwer für den kleinen Leuchter. Aber ich kann sie vielleicht bei den Katholiken gegen kleinere umtauschen.«

Er hatte natürlich recht. Die Kerzen waren wirklich zu groß für unsere Leuchter. Und doch war es ein Fehler, ein schwerer Fehler, dass wir sie nicht aufsteckten.

Denn am Tag darauf, eine halbe Stunde vor dem Gottesdienst, kam Sergej in die Kirche. Er kam auf mich zu und wollte mir gerade die Hand geben, als sein Blick auf den Altar fiel. Da zog er die Hand wieder zurück.

»Ihr habt sie nicht genommen?« fragte er, und es war einen Augenblick lang, als wollte er anfangen zu weinen. »Ihr habt sie also nicht genommen!« Und jetzt war seine Stimme schwer und böse vor Zorn und Enttäuschung. »Kerzen von einem Kommunisten sind wohl nicht gut genug für ... für den da!« Aber diesmal war das »den da« nicht voll heimlicher Ehrfurcht, sondern voller Enttäuschung. Ohne ein weiteres Wort ging er davon.

Plötzlich war mir klar, wie schrecklich wir ihn verletzt hatten. Ich lief ihm nach. Aber es war zu spät. Er saß schon im Wagen, und gleich darauf war er verschwunden. Wir haben ihn nie wieder gesehen. Die ersten Gemeindemitglieder, die schon in ihren Bänken saßen, werden sich gewundert haben, als ihr Pfarrer etwas später eigenhändig vier riesige Kerzen mit Wachs auf den Altartisch klebte. Aber sie mussten sich nicht lange wundern. Denn in seiner Predigt erzählte Theo von Sergej, von seinen Kerzen und auch davon, dass wir in unserer Blindheit einen Menschen hatten davongehen lassen, den das Kind in der Krippe zu sich gerufen hatte.

Ernst Lange

Weitere geeignete Geschichten:

Die Nummern 4, 10–13, 16, 18, 27–29, 31, 34–43

Quellen

1 Im Dornenwald, Georg Dreißig
Aus: Ders., Das Licht in der Laterne. Ein Adventskalender in Geschichten
© 1997 Verlag Urachhaus Stuttgart

2 Storchenlegende, M.H. Misevicius

3 Das Licht des kleinen Hirten, Max Bolliger
Aus: Ders., Das Licht des kleinen Hirten
© Lehrmittelverlag des Kanton Zürich 2004

4 Der Weihnachtsspatz, Rolf Krenzer
Aus: Ders./Vlasta Barankova, Der Weihnachtsspatz
© bohem press, Zürich

5 Die Weihnachtskatze, Quelle unbekannt

6 Wenn ein kleiner Engel sich grosse Sorgen macht, Barbara Cratzius
Aus: Dies. (Hg.), Unser großes Weihnachtsbuch von Sankt Martin bis Dreikönig. Bräuche und Geschichten, Lieder und Legenden
© Verlag Herder i.Br. 2003

7 Ein Esel geht nach Bethlehem, Gerda Marie Scheidl
© NordSüd Verlag, CH-Gossau

8 Als die Tiere Weihnachten feiern wollten, Michael Hoellen
© Michael Hoellen, Bad Breisig

9 Der Weihnachtszug, Ivan Gantschev
© bohem press, Zürich

10 Der Tanz des Räubers Horrificus, Karl-Heinrich Waggerl,
Aus: Ders., Und es begab sich
© Otto Müller Verlag, Salzburg 2004, 51. Auflage

11 Das Flötenlied, Max Bolliger © Max Bolliger, Weesen

12 Aurelius, Edith Schreiber-Wicke
© Edith Schreiber-Wicke, A-8993 Grundlsee

13 Die Kerze, die nicht brennen wollte, Ulrich Peters
© Ulrich Peters, Freiburg

14 Die listigen Schleichfüsse und das Weihnachtsfest,
Quelle unbekannt

15 Christophorus, Max Bolliger
© Max Bolliger, Weesen

16 Das Christkind an den Bahnschienen, Eva Maria Kremer
© Eva Maria Kremer, Gladbeck

17 Der Weihnachtsengel
Aus: Jörg Müller/Konrad Steininger, Ganz nah am Herzen
© J. F. Steinkopf Verlag, Kiel 2001

18 Ochs und Esel, Jutta Fellner-Pickl
Aus: Dies., Warum der Engel lachen musste
© Claudius-Verlag, München

19 Lauter Wünsche an das Christkind, Achim Bröger
Aus: Ders., Zwei Raben mit Rucksack und viele andere Geschichten zum Lesen und Vorlesen
© Achim Bröger, Sereetz/Lübeck

20 Ein etwas seltsames Weihnachtsevangelium,
Quelle unbekannt

21 Die Apfelsine des Waisenknaben nach Charles Dickens

22 Vom Zauberer Buffello, Jonathan Snow
Aus: Ders., Ein Geschenk des Himmels,
© Jonathan Snow, deutschsprachige Ausgabe erschienen im
Wilhelm Heyne Verlag, München,
einem Unternehmen der Verlagsgruppe Random House GmbH

23 Tränen unterm Weihnachtsbaum, Anton Schaller
© Anton Schaller, Innsbruck

24 Das verschwundene Jesuskind, Catharina Bachem-Toner

25 Der Tausch, P. Franz A. Weiser

26 Der Bumerang, Günther Blau

27 Weihnachten auf der Rue Bonaparte
(um knapp die Hälfte verkürzt) nach Karl Springenschmid

28 Mister Santa (Nikolaus-Weihnachtsmann), Tilde Michels
© Tilde Michels, München

29 DER VERLORENE ENGEL
(um mehr als die Hälfte verkürzt) nach Kilian Mertens
30 DANIEL UND DER HUND DES KÖNIGS, Willi Fährmann
© Willi Fährmann, Xanten
31 DER UNSICHTBARE RING, Ursula Berg
© Ursula Berg, Wuppertal
32 VOM VIERTEN KÖNIG nach einer russischen Legende
33 DER VERLORENE KÖNIG, Peter Spangenberg
Aus: Ders., Sternenglanz und Regenbogen
© Kreuz Verlag, Stuttgart 2002
34 DER ENGEL JADWINIA, Fred Reike
Aus: Ilse Bongardt (Hg.), Da kam an der Menschen Licht,
Union Verlag, Berlin 1979
35 DER ENGEL nach Karl Hüllweck
© Ev. Verlagsanstalt GmbH, Berlin
36 HOL DOCH DEINEN BRUDER AN DEN TISCH, Walter Bauer
(das erste Drittel der Geschichte ist verkürzt)
37 IBRAHIM UND DIE TELLERMINE, Helmut Ludwig
Aus: Ders., Die Weihnachtspalme, Quell Verlag, Stuttgart
38 KRIPPENSPIEL JESUS IM ›MARITIM‹ GEBOREN, Gabriele Meyer-Allenstein
© Gabriele Meyer-Allenstein, Neuss
39 Das Weihnachtssingen, Katherine Allfrey
(auf ein Viertel gekürzt) © Ingrid Dingwall, CH-4412 Nuglar
40 DER SPRAYER, Heribert Haberhausen
© Heribert Haberhausen, Iserlohn
41 DER ENGEL IM GLATTEIS
(um ein Drittel gekürzt) nach Charlotte Hofmann-Hege
42 WEIHNACHTEN IM JULI, Julia Vollmer
Aus: Frau & Beruf 25 (1976) 6, S. 16–17
43 EIN KOMET ZIEHT VORBEI
aus: Horst Schaller, Ein Hund auf dem Dach, Hoch Verlag, Düsseldorf
44 DIE BEIDEN WEIHNACHTSESEL, Max Bolliger
© Max Bolliger, Weesen

45 Die Bescherung, Hanns Dieter Hüsch
Aus: Ders., Du kommst auch drin vor.
Gedankengänge eines fahrenden Poeten
© 1990 Kindler Verlag GmbH, München

46 Liebe Tante Billa! Quelle unbekannt

47 Grad' uff Weihnachte; Barbara Just-Dahlmann
Aus: Dies., Tagebuch einer Staatsanwältin
© 1983 Radius-Verlag, 70180 Stuttgart

48 Merkwürdige Gäste an der Krippe, Ulrich Peters
© Ulrich Peters, Freiburg

49 Der Stein des Eseltreibers, Rudolf Otto Wiemer
Aus: Ders., ...dann werden die Steine schreien«
© R. Brockhaus Verlag, Wuppertal 2003

50 Das schönste Weihnachtsgeschenk, Beate Fleck
© Beate Fleck, Düsseldorf

51 Das Opfer, Henry Bordeaux (um knapp die Hälfte gekürzt)
Aus: Rudolf Hagelstange, Ein Licht scheint in die Finsternis,
Rufer Verlag, Gütersloh

52 »Fröhliche Weihnachten, Lady!«, Charlotte Johnstone
übersetzt von Geiko Müller-Fahrenholz
In: Publik Forum, Zeitung kritischer Christen, Oberursel
Ausgabe Nr. 24/1997
© Geiko Müller-Fahrenholz

53 Die Versöhnung, Renate Dopatka
© Renate Dopatka, Gelsenkirchen

54 Falsch geparkt, Günter Nuth
Aus: Ders., Schwebendes Verfahren
© Gnu-Verlag, Meerbusch 2000

55 Erscheinung am Heiligabend, William Ashley Anderson
Aus: Nina Lendersdorff (Hg.), So arm geborn auf Erden.
© Erlanger Verlag für Mission und Ökumene, 2000

56 Auf der Suche
nach einer Legende von Werner Reiser